BESTACTIVITYBOOKS.COM

PRIMA EDIZIONE 2022

Illustrazione Grafica Extra: www.freepik.com
Grazie a Alekksall, Starline, Pch.vector, Rawpixel.com, Vectorpocket, Dgim-studio, Upklyak, Macrovector, Stockgiu, Pikisuperstar & Freepik.com Designers

5 CONSIGLI PER INIZIARE

1) COME RISOLVERE LE PAROLE INTRECCIATTE

I puzzle hanno un formato classico:

- Le parole sono nascoste senza spazi o trattini,...
- Orientamento: Le parole possono essere scritte in avanti, indietro, verso l'alto, verso il basso o in diagonale (possono essere invertite).
- Le parole possono sovrapporsi o intersecarsi.

2) APPRENDIMENTO ATTIVO

Accanto ad ogni parola c'è uno spazio per scrivere la traduzione. Per incoraggiare l'apprendimento attivo, un **DIZIONARIO** alla fine di questa edizione vi permetterà di controllare e ampliare le vostre conoscenze. Cerca e scrivi le traduzioni, trovale nel puzzle e aggiungile al tuo vocabolario!

3) SEGNARE LE PAROLE

Puoi inventare il tuo sistema di segni. Forse ne usi già uno? Per esempio, puoi segnare le parole difficili da trovare con una croce, le parole preferite con una stella, le parole nuove con un triangolo, le parole rare con un diamante, e così via.

4) STRUTTURARE L'APPRENDIMENTO

Questa edizione offre un **TACCUINO** alla fine del libro. In vacanza, in viaggio o a casa, puoi organizzare facilmente le tue nuove conoscenze senza bisogno di un secondo quaderno!

5) AVETE FINITO TUTTE LE GRIGLIE?

Nelle ultime pagine di questo libro, nella sezione della **SFIDA FINALE**, troverete un gioco gratuito!

Facile e veloce! Dai un'occhiata alla nostra collezione di libri di attività per il tuo prossimo momento di divertimento e **apprendimento,** a portata di clic!

Trova la tua prossima sfida su:

BestActivityBooks.com/MioProssimoLibro

Ai vostri posti, pronti...Via!

Sapevi che ci sono circa 7.000 lingue diverse nel mondo? Le parole sono preziose.

Amiamo le lingue e abbiamo lavorato duramente per creare libri di altissima qualità. I nostri ingredienti?

Una selezione di argomenti adatti all'apprendimento, tre buone porzioni di intrattenimento, una cucchiaiata di parole difficili e una spolverata di parole rare. Li serviamo con amore e entusiasmo in modo che tu possa risolvere i migliori giochi di parole e divertirti imparando!

La vostra opinione è essenziale. Puoi partecipare attivamente al successo di questo libro lasciandoci un commento. Ci piacerebbe sapere cosa ti è piaciuto di più di questa edizione.

Ecco un link veloce alla pagina dell'ordine:

BestBooksActivity.com/Recensione50

Grazie per il vostro aiuto e buon divertimento!

Tutta la squadra

1 - Salute e Benessere #2

F	M	F	I	E	O	N	T	O	E	C	D	K	V	P	L
G	O	L	E	G	E	M	E	E	R	P	E	A	S	B	R
T	D	R	H	Y	R	X	K	C	N	Q	H	L	A	L	M
F	G	C	D	O	D	Z	H	N	Æ	G	Y	O	C	O	C
W	Y	T	N	Ø	S	K	G	I	R	R	D	R	N	D	D
L	S	A	U	W	J	P	F	S	I	A	R	I	A	Y	M
S	D	S	S	M	N	E	I	C	N	V	E	E	H	O	Y
A	P	P	E	T	I	T	L	T	G	E	R	G	M	J	W
I	C	V	Z	N	H	G	B	S	A	J	I	A	A	D	D
G	F	X	K	B	K	C	D	T	E	L	N	S	V	U	K
R	E	N	J	E	I	G	Y	H	Q	J	G	S	W	F	O
E	Y	N	O	I	T	K	E	F	N	I	X	A	Z	N	S
N	L	V	E	C	Z	A	O	G	F	B	S	M	R	L	T
E	X	H	K	T	A	N	A	T	O	M	I	O	U	N	G
I	U	J	F	J	I	G	R	E	L	L	A	E	D	V	Æ
P	H	W	O	B	D	K	O	N	N	I	M	A	T	I	V

ALLERGI
ANATOMI
APPETIT
KALORIE
LEGEME
KOST
FORDØJELSE
DEHYDRERING
ENERGI
GENETIK
HYGIEJNE
INFEKTION
SYGDOM
MASSAGE
ERNÆRING
HOSPITAL
VÆGT
BLOD
SUND
VITAMIN

2 - Aggettivi #2

E	G	T	O	V	S	W	Z	F	U	W	S	D	T	Q	G
E	I	U	T	W	I	T	P	Z	V	M	U	R	N	W	R
E	L	E	G	A	N	T	Æ	H	I	A	N	A	W	K	V
A	R	L	R	C	E	E	M	R	T	I	D	M	V	V	O
O	U	O	Z	G	R	P	D	Z	K	N	R	A	A	T	Z
P	T	T	O	E	L	H	H	V	U	T	N	T	N	G	O
Z	A	C	E	D	B	M	V	W	D	E	Y	I	S	Q	R
I	N	D	X	N	B	I	A	L	O	R	P	S	V	C	G
N	S	Z	S	E	T	T	M	Ø	R	E	B	K	A	Y	A
A	N	K	U	V	B	I	M	S	P	S	N	V	R	W	K
Y	D	C	L	I	Z	S	S	T	R	S	O	F	L	W	D
S	Ø	D	T	R	Q	N	T	K	G	A	R	S	I	G	Y
M	I	M	E	K	T	Ø	R	O	C	N	M	K	G	Y	X
U	T	E	N	S	B	Z	T	P	L	T	A	F	X	W	S
Y	X	F	U	E	J	C	U	T	E	T	L	A	S	Y	G
K	A	R	F	B	K	R	E	A	T	I	V	R	Z	C	G

SULTEN
TØR
AUTENTISK
KREATIV
BESKRIVENDE
SØD
DRAMATISK
ELEGANT
BERØMT
STÆRK
INTERESSANT
NATURLIG
NORMAL
NY
STOLT
PRODUKTIV
REN
ANSVARLIG
SALTET
SUND

3 - Ingegneria

D	I	A	G	R	A	M	B	U	P	E	H	A	N	F	E
K	H	O	J	U	T	B	H	A	J	X	I	K	O	P	N
B	V	A	N	O	I	T	U	B	I	R	T	S	I	D	E
L	E	S	E	I	D	F	C	S	O	I	Q	E	T	F	R
J	Z	R	S	T	A	B	I	L	I	T	E	T	K	R	G
V	B	H	E	O	J	H	D	M	O	T	O	R	U	E	I
P	R	A	D	G	L	N	S	J	D	D	K	G	R	M	M
G	G	M	H	N	N	O	I	T	A	T	O	R	T	D	A
A	E	S	D	I	Q	I	K	S	O	R	N	B	S	R	S
P	S	A	S	L	E	K	N	I	V	D	A	M	N	I	K
N	Z	A	R	Å	V	H	G	G	G	T	Y	Y	O	F	I
S	L	K	D	M	Æ	K	C	K	D	M	B	B	K	T	N
J	B	Z	E	Y	S	S	T	Y	R	K	E	G	D	W	E
S	A	R	U	T	K	U	R	T	S	B	X	M	Y	E	W
B	C	I	T	G	E	D	I	A	M	E	T	E	R	Q	X
K	Q	O	W	M	A	A	J	E	M	I	A	X	X	N	N

VINKEL
AKSE
BEREGNING
KONSTRUKTION
DIAGRAM
DIAMETER
DIESEL
DISTRIBUTION
ENERGI
STYRKE

GEAR
VÆSKE
MASKINE
MÅLING
MOTOR
DYBDE
FREMDRIFT
ROTATION
STABILITET
STRUKTUR

4 - Archeologia

K	Z	V	X	A	P	U	H	S	V	S	U	M	G	E	S
F	E	M	L	V	N	U	D	O	X	U	V	D	L	O	H
P	Y	R	W	E	G	T	O	J	G	K	L	O	E	E	V
J	R	G	A	N	M	U	I	R	E	T	S	Y	M	K	U
O	O	Y	E	M	P	S	B	K	M	U	I	Q	T	S	X
O	B	I	U	S	I	V	A	A	K	S	H	U	M	P	I
R	J	X	G	E	S	K	U	G	N	E	S	V	O	E	R
P	E	U	K	E	N	D	T	O	W	A	N	A	S	R	X
R	K	O	I	B	G	C	Y	X	L	Q	L	X	E	T	A
O	T	E	V	A	L	U	E	R	I	N	G	Y	J	Q	Q
F	E	L	E	V	N	K	N	O	G	L	E	R	S	S	F
E	R	H	F	A	G	P	Z	P	I	Æ	R	A	D	E	O
S	N	S	J	R	E	K	S	R	O	F	T	M	N	U	S
S	D	F	I	G	T	E	M	P	E	L	U	N	I	X	S
O	Q	C	I	V	I	L	I	S	A	T	I	O	N	F	I
R	E	M	M	O	K	R	E	T	F	E	A	O	M	B	L

ANALYSE
ANTIKKEN
KERAMIK
CIVILISATION
GLEMT
EFTERKOMMER
ÆRA
EKSPERT
FOSSIL
MYSTERIUM
OBJEKTER
KNOGLER
PROFESSOR
LEVN
FORSKER
UKENDT
HOLD
TEMPEL
GRAV
EVALUERING

5 - Salute e Benessere #1

N	M	K	V	S	U	R	H	B	A	K	T	E	R	I	E
O	J	E	R	U	U	H	U	F	F	V	K	Q	S	V	N
J	O	T	D	K	T	L	D	C	Z	A	I	I	Z	I	E
B	J	O	V	I	D	F	T	A	T	N	P	X	J	F	R
T	C	P	U	N	C	H	S	P	O	E	N	Q	L	Z	V
V	E	A	F	I	M	I	G	M	U	S	K	L	E	R	E
I	F	R	R	L	G	F	N	L	Æ	G	E	N	C	B	R
R	X	U	A	K	C	E	I	B	O	A	H	Ø	J	D	E
U	S	T	Q	P	E	H	N	H	O	R	M	O	N	E	R
S	H	K	C	V	I	E	P	Z	Q	Q	C	D	Z	V	U
E	M	A	V	T	R	F	A	T	V	G	O	T	E	Y	A
N	K	R	I	J	D	O	L	X	I	G	I	B	G	T	K
R	E	F	L	E	K	S	S	K	N	O	G	L	E	R	T
L	D	D	P	Y	M	H	F	T	A	Z	H	B	F	Z	I
Y	A	T	O	V	Z	N	A	F	X	O	S	W	V	P	V
B	E	H	A	N	D	L	I	N	G	L	U	I	D	B	N

VANE
HØJDE
AKTIV
BAKTERIE
KLINIK
SULT
APOTEK
FRAKTUR
MEDICIN
LÆGE
MUSKLER
NERVER
HORMONER
KNOGLER
HUD
REFLEKS
AFSLAPNING
TERAPI
BEHANDLING
VIRUS

6 - Aggettivi #1

K	T	Y	K	S	I	T	A	M	O	R	A	Z	F	Z	G
O	U	W	M	O	D	R	M	M	O	S	G	N	A	L	R
B	L	N	G	F	E	W	M	L	B	Y	L	B	Y	C	P
U	O	J	S	Ø	R	E	N	E	G	I	L	R	Æ	E	V
I	S	G	S	T	N	F	X	J	N	K	T	H	F	A	Æ
F	B	F	O	P	N	N	Z	Z	M	S	K	I	N	Z	R
I	A	G	E	I	Q	E	V	C	O	I	S	J	Ø	T	D
M	W	B	C	T	L	I	R	A	K	T	I	V	X	S	I
Z	O	Y	S	T	O	R	X	I	U	O	T	B	C	O	F
N	C	D	A	C	Q	N	R	M	S	S	N	G	H	N	U
C	W	N	E	A	T	U	N	G	N	K	E	E	J	J	L
H	F	Y	G	R	O	D	K	P	H	E	D	I	E	H	D
A	L	T	N	K	N	D	B	B	G	V	I	G	T	I	G
A	A	Z	U	T	L	E	P	E	R	F	E	K	T	C	Q
M	N	G	J	H	Q	Y	L	T	D	J	V	T	E	B	W
X	G	E	B	O	U	V	W	M	P	W	B	F	F	W	G

AMBITIØS
AROMATISK
KUNSTNERISK
ABSOLUT
AKTIV
EKSOTISK
GENERØS
UNGE
STOR
IDENTISK
VIGTIG
LANGSOM
LANG
MODERNE
ÆRLIG
PERFEKT
TUNG
VÆRDIFULD
DYB
TYND

7 - Geologia

H	N	K	J	C	S	K	S	T	A	L	A	K	T	I	T
G	W	W	O	A	E	O	H	P	H	S	I	S	T	E	N
E	E	P	R	L	R	N	V	H	O	T	W	S	N	G	P
J	R	K	D	C	O	T	X	S	Q	A	F	V	S	B	X
S	F	R	S	I	S	I	P	M	T	L	I	T	G	O	I
E	T	Y	K	U	I	N	N	U	N	A	K	L	U	V	F
R	S	S	Æ	M	O	E	L	U	H	G	R	B	J	Y	H
W	G	T	L	U	N	N	R	C	N	M	K	O	R	A	L
L	A	A	V	A	L	T	J	Y	C	I	U	Q	V	T	V
S	U	L	L	E	S	A	L	T	S	T	X	X	T	N	I
K	N	L	K	T	C	O	P	L	F	T	S	Y	X	O	I
J	R	E	L	A	R	E	N	I	M	E	R	L	Q	P	E
F	L	R	A	L	P	C	Q	P	W	R	S	F	Q	B	P
M	S	U	T	P	Q	A	L	M	N	I	J	Z	A	R	Z
R	I	V	Z	S	Q	U	K	V	A	R	T	S	D	A	A
U	P	R	N	T	A	B	V	D	R	F	Q	P	J	Q	J

SYRE
PLATEAU
CALCIUM
HULE
KONTINENT
KORAL
KRYSTALLER
EROSION
FOSSIL
GEJSER
LAVA
MINERALER
STEN
KVARTS
SALT
STALAGMITTER
STALAKTIT
LAG
JORDSKÆLV
VULKAN

8 - Campeggio

S	H	A	C	O	Y	W	N	P	K	K	J	G	J	V	K
Y	Z	Æ	U	N	A	S	R	B	H	A	K	A	N	O	O
H	D	P	N	Z	L	A	D	B	J	V	X	W	L	K	R
K	V	G	V	G	N	G	P	F	N	M	Å	N	E	S	T
T	T	J	W	B	E	C	X	J	A	E	N	P	T	A	A
W	U	E	D	A	N	K	O	M	T	I	S	N	A	P	H
E	X	X	M	O	I	V	Ø	L	U	N	G	K	C	M	I
G	N	R	F	W	B	Z	U	J	R	S	L	Z	H	O	Y
D	Q	L	M	W	A	X	I	S	E	E	F	I	U	K	E
R	E	B	T	Q	K	X	E	Ø	T	K	G	H	B	T	Y
M	B	R	A	N	D	T	V	Z	F	T	S	J	O	V	G
B	O	Q	K	U	D	Z	E	R	S	L	G	N	P	Z	B
H	J	E	O	C	H	I	N	N	E	E	C	A	D	O	X
S	M	E	Z	X	L	S	T	R	W	T	K	X	J	E	Z
T	U	F	R	D	Y	R	Y	T	R	Æ	E	R	X	U	S
D	D	I	O	G	A	H	R	P	F	U	Z	S	G	I	C

TRÆER
HÆNGEKØJE
DYR
EVENTYR
KOMPAS
KABINE
JAGT
KANO
HAT
REB
SJOV
SKOV
BRAND
INSEKT
SØ
MÅNE
KORT
BJERG
NATUR
TELT

9 - Arti Visive

K	O	Z	Q	K	F	N	E	F	J	W	N	M	Z	L	V
P	E	S	B	L	U	K	Æ	R	T	N	A	Y	L	B	E
W	E	R	E	L	I	N	E	P	L	A	K	O	A	G	K
K	E	R	A	K	J	H	S	U	M	S	C	C	B	N	Y
R	T	U	S	M	L	I	F	T	H	K	K	C	I	I	A
I	M	T	E	P	I	V	Q	S	N	S	U	G	W	N	X
D	V	P	O	C	E	K	N	I	L	E	F	F	A	T	S
T	F	L	B	J	X	K	Q	Q	R	P	R	I	O	Æ	I
F	T	U	D	B	H	F	T	Z	X	I	R	Y	Q	S	M
H	I	K	B	N	M	B	L	I	C	N	E	T	S	N	K
H	R	S	H	D	U	P	E	P	V	E	S	Æ	W	E	T
R	U	Z	H	M	E	S	T	E	R	V	Æ	R	K	M	C
A	R	K	I	T	E	K	T	U	R	O	H	T	M	M	E
Q	I	F	A	R	G	O	T	O	F	T	Q	R	U	A	U
R	N	U	E	K	K	V	R	B	L	V	L	O	A	S	X
K	R	E	A	T	I	V	I	T	E	T	V	P	G	L	L

ARKITEKTUR
LER
KUNSTNER
MESTERVÆRK
TRÆKUL
STAFFELI
VOKS
KERAMIK
SAMMENSÆTNING
KREATIVITET

FILM
FOTOGRAFI
KRIDT
BLYANT
PEN
PERSPEKTIV
PORTRÆT
SKULPTUR
STENCIL
LAK

10 - Tempo

Q	J	T	A	O	T	I	O	S	H	Å	M	X	Å	F	E
U	Z	K	O	D	S	Y	L	N	X	R	I	R	R	Å	B
G	J	M	Å	N	E	D	G	A	D	L	N	M	H	P	Q
E	K	B	A	E	K	G	U	R	S	I	U	M	U	D	W
A	Z	O	P	G	C	A	R	T	E	G	T	A	N	Z	P
W	N	I	F	R	G	D	L	R	L	T	Z	S	D	J	C
Z	G	C	U	O	C	D	W	E	Y	J	F	X	R	K	R
J	Z	S	T	M	E	I	Q	M	N	T	W	E	E	E	M
Q	P	Q	K	S	I	M	Q	I	X	D	M	I	D	I	P
P	F	Ø	R	P	T	O	E	T	J	O	E	D	E	S	T
M	D	B	Å	V	A	M	C	J	I	Y	S	R	D	Z	K
T	P	J	G	B	X	Z	Y	S	Q	D	P	G	F	C	W
R	B	G	I	C	B	J	U	K	G	G	A	N	T	F	L
Å	R	T	I	F	R	E	M	T	I	D	S	G	P	S	U
N	C	W	G	D	A	Q	F	J	D	N	V	C	F	O	P
U	K	G	P	Y	E	C	K	Z	M	M	O	P	V	A	F

ÅR
ÅRLIG
KALENDER
ÅRTI
EFTER
FREMTID
DAG
I GÅR
MORGEN
MÅNED
MIDDAG
MINUT
NAT
I DAG
TIME
UR
SNART
FØR
ÅRHUNDREDE
UGE

11 - Astronomia

D	I	G	V	A	Q	D	T	S	A	Y	W	D	K	K	H
O	E	E	W	S	W	K	E	E	T	P	S	Y	J	O	P
L	Q	G	R	T	C	B	K	E	L	R	B	X	I	S	F
K	U	T	D	R	O	J	A	B	J	E	Å	F	C	M	M
O	I	X	M	O	N	O	R	T	S	A	S	L	P	O	O
N	N	M	E	N	U	N	I	V	E	R	S	K	I	S	F
S	O	Å	H	A	L	U	B	E	N	C	A	P	O	N	U
T	X	N	M	U	S	U	P	E	R	N	O	V	A	P	G
E	F	E	H	T	F	A	R	K	E	D	G	N	Y	T	F
L	O	B	S	E	R	V	A	T	O	R	I	U	M	U	G
L	B	T	L	M	E	T	E	O	R	V	D	A	J	L	Y
A	U	V	E	D	I	O	R	E	T	S	A	I	N	H	G
T	T	D	M	N	G	J	O	R	C	T	D	J	I	I	G
I	Z	X	M	Z	A	T	N	S	U	J	W	D	K	C	F
O	E	H	I	G	A	L	A	K	S	E	W	K	H	T	O
N	L	C	H	M	X	X	P	O	I	S	M	V	R	N	Q

ASTEROIDE
ASTRONAUT
ASTRONOM
HIMMEL
KOSMOS
KONSTELLATION
EQUINOX
GALAKSE
TYNGDEKRAFT
MÅNE
METEOR
NEBULA
OBSERVATORIUM
PLANET
STRÅLING
RAKET
SUPERNOVA
TELESKOP
JORD
UNIVERS

12 - Algebra

U	M	M	I	P	K	T	A	I	N	S	B	O	O	M	M
S	Z	Y	U	G	N	I	N	G	I	L	R	T	N	G	K
F	O	R	E	N	K	L	E	Q	N	Z	Ø	F	A	R	G
C	Q	C	R	E	U	W	K	D	F	I	K	A	C	Æ	I
T	Q	W	Y	X	W	I	E	Q	Q	N	N	L	V	E	L
L	Z	N	C	P	L	A	Y	N	C	N	E	S	K	N	E
S	U	B	T	R	A	K	T	I	O	N	V	K	Ø	I	D
X	S	N	Q	S	S	F	N	F	B	E	J	A	R	L	N
P	R	O	B	L	E	M	U	A	A	X	Z	E	N	M	E
X	A	I	K	Q	T	J	M	M	T	K	W	H	N	K	U
B	E	S	A	O	N	J	M	Q	B	W	T	R	C	L	P
E	I	I	H	Q	E	Z	E	E	H	B	U	O	R	T	N
N	V	V	V	R	R	S	R	L	E	B	A	I	R	A	V
H	Z	I	T	C	A	E	K	S	P	O	N	E	N	T	L
S	H	D	A	J	P	D	I	A	G	R	A	M	P	Z	M
F	O	R	M	E	L	M	A	T	R	I	X	E	Z	K	C

DIAGRAM
DIVISION
LIGNING
EKSPONENT
FALSK
FAKTOR
FORMEL
BRØK
GRAF
UENDELIG
LINEÆR
MATRIX
NUMMER
PARENTES
PROBLEM
FORENKLE
LØSNING
SUBTRAKTION
VARIABEL
NUL

13 - Mitologia

L	V	Z	D	L	H	L	K	Z	Y	B	L	K	Q	N	U
Y	A	Æ	H	B	B	H	E	L	T	H	G	A	G	B	D
F	B	B	S	M	P	K	U	L	T	U	R	T	R	G	Ø
J	H	E	Y	E	K	U	U	S	A	G	N	A	R	N	D
H	Æ	V	N	R	N	B	E	H	Q	C	Y	S	E	E	E
N	A	V	Z	E	I	S	W	T	Y	L	L	T	K	A	L
K	R	B	Y	D	S	N	I	F	L	R	O	R	M	C	I
P	K	K	C	U	U	P	T	R	L	L	E	O	X	R	G
A	E	I	R	G	O	A	D	F	Æ	R	D	F	M	O	H
G	T	C	E	S	L	E	B	A	K	S	V	E	A	D	E
T	Y	B	G	T	A	M	C	U	G	I	L	E	D	Ø	D
O	P	N	I	J	J	R	S	E	L	X	O	K	Q	Q	B
R	E	Z	R	M	A	G	I	S	K	V	W	R	K	J	P
D	Z	T	K	L	L	Q	O	P	C	F	Z	Y	S	T	T
E	V	Z	K	C	X	L	A	K	G	E	F	T	M	C	N
N	K	R	T	E	W	Y	N	V	V	F	I	S	R	Z	I

ARKETYPE
ADFÆRD
VÆSEN
SKABELSE
KULTUR
KATASTROFE
GUDER
HELT
STYRKE
LYN

JALOUSI
KRIGER
UDØDELIGHED
LABYRINT
SAGN
MAGISK
DØDELIG
UHYRE
TORDEN
HÆVN

14 - Piante

Y	I	L	G	R	Æ	S	G	Z	R	V	T	R	Æ	I	G
F	L	G	Ø	O	Q	U	A	G	S	E	N	N	Ø	B	Ø
Y	I	P	A	V	R	A	C	E	J	D	S	P	D	M	D
K	R	O	N	B	L	A	D	F	G	B	C	K	U	L	N
S	Y	U	V	M	W	R	R	N	G	E	V	A	H	U	I
U	Y	G	O	K	C	R	H	O	L	N	M	O	S	N	N
B	F	O	K	E	R	L	V	I	L	D	F	Z	B	N	G
L	T	L	S	P	K	R	A	T	H	F	Y	W	G	S	O
O	S	V	E	Q	F	O	B	A	V	X	I	H	T	X	Q
M	Z	A	L	K	F	D	V	T	H	E	X	F	F	P	U
S	U	T	K	A	K	H	U	E	N	F	R	H	T	K	F
T	U	K	F	P	X	W	W	G	O	U	E	C	C	J	N
A	N	B	R	E	U	Q	P	E	Q	Z	S	S	Y	V	N
H	S	A	M	L	O	X	N	V	W	A	O	O	E	H	H
K	B	O	T	A	N	I	K	B	Æ	R	S	K	O	V	G
P	T	K	T	U	B	W	I	E	B	V	J	J	T	K	O

TRÆ
BÆR
BAMBUS
BOTANIK
KAKTUS
BUSK
VOKSE
VEDBEND
GRÆS
BØNNE
GØDNING
BLOMST
FLORA
LØV
SKOV
HAVE
MOS
KRONBLAD
ROD
VEGETATION

15 - Spezie

T	I	D	R	Z	P	Q	F	G	K	K	J	B	A	L	M
F	N	N	V	G	G	Q	E	U	O	U	A	P	E	S	U
K	G	U	Z	E	L	R	N	R	R	F	T	R	I	I	S
A	E	Y	U	M	N	A	N	K	I	J	B	F	R	I	K
N	F	P	E	M	E	G	I	E	A	G	V	K	O	Y	A
E	Æ	P	O	O	I	G	K	M	N	W	A	Z	T	Z	T
L	R	J	I	M	T	Ø	E	E	D	I	X	W	N	L	N
B	I	T	T	E	R	L	L	J	E	E	O	S	Y	Ø	Ø
E	C	F	B	D	E	D	A	E	R	D	U	C	F	G	D
S	I	U	V	R	B	I	K	K	V	A	N	I	L	J	E
L	Q	X	T	A	E	V	I	Y	R	W	I	I	Q	J	R
M	S	S	R	K	P	H	R	M	P	I	X	W	B	Y	P
S	A	F	F	R	O	N	P	Y	D	O	D	Ø	S	T	S
F	E	O	N	S	Y	Z	A	W	R	C	W	S	I	N	A
X	D	C	F	R	Z	D	P	U	P	T	Z	P	W	C	L
S	P	I	D	S	K	O	M	M	E	N	J	I	T	P	T

HVIDLØG
BITTER
ANIS
KANEL
KARDEMOMME
LØG
KORIANDER
SPIDSKOMMEN
GURKEMEJE
KARRY
SØD
FENNIKEL
LAKRIDS
MUSKATNØD
PAPRIKA
PEBER
SALT
VANILJE
SAFFRON
INGEFÆR

16 - Numeri

G	Y	H	V	T	G	G	X	T	A	T	L	M	I	H	C
V	E	N	H	N	O	B	A	S	S	A	G	K	V	S	T
V	B	S	L	U	T	L	V	F	L	X	G	G	W	W	M
H	J	E	A	L	K	L	V	Y	S	E	F	H	N	D	C
F	N	K	M	W	U	R	T	X	M	H	U	P	I	T	E
P	A	S	I	N	F	E	M	Y	G	R	J	D	T	L	X
U	E	N	C	G	E	V	M	H	Q	Y	U	S	T	B	M
O	T	T	E	V	Y	T	D	T	U	J	G	I	E	D	W
I	Q	E	D	T	L	K	I	R	J	E	C	O	N	Q	W
A	T	T	E	N	T	Q	G	E	U	V	S	F	E	M	Y
N	G	B	W	O	S	Y	K	T	D	K	B	K	T	S	W
L	J	X	W	U	I	A	S	T	F	I	R	E	S	S	M
T	L	K	Q	F	O	Q	J	E	L	V	Y	X	K	J	F
O	R	C	E	X	D	T	E	N	V	F	B	P	E	W	C
B	N	E	T	R	O	J	F	Z	V	U	R	C	S	C	T
F	E	M	T	E	N	O	F	T	V	U	I	U	G	D	C

FEM
DECIMAL
NITTEN
SYTTEN
ATTEN
TI
TOLV
TO
NI
OTTE

FJORTEN
FIRE
FEMTEN
SEKSTEN
SEKS
SYV
TRE
TRETTEN
TYVE
NUL

17 - Cioccolato

T	F	D	Z	T	D	U	O	K	W	G	A	S	N	Q	Z
L	R	E	V	L	U	P	H	V	C	E	N	G	L	N	S
K	E	A	S	N	D	J	I	A	C	S	T	Q	X	I	V
R	T	M	N	T	L	E	U	L	O	N	I	A	A	E	K
J	T	O	N	G	O	T	Z	I	Z	E	O	I	I	R	S
B	I	R	D	V	C	D	N	T	A	I	X	H	J	C	I
A	B	A	E	C	W	Ø	M	E	X	D	I	Q	Y	Z	T
M	C	O	X	I	O	N	E	T	E	E	D	Ø	S	V	O
C	A	C	A	O	R	S	B	E	M	R	A	R	G	F	S
F	W	U	E	P	A	O	S	M	A	G	N	V	O	F	K
J	K	D	A	U	C	K	L	G	H	N	T	X	M	W	E
L	X	G	T	I	R	O	V	A	F	I	S	Z	M	W	T
B	Y	V	C	Y	R	K	R	E	K	K	U	S	L	A	H
O	P	S	K	R	I	F	T	K	A	R	A	M	E	L	L
J	O	R	D	N	Ø	D	D	E	R	E	K	K	Æ	L	S
Y	U	S	B	A	U	E	E	G	Z	C	J	R	V	G	Z

BITTER
ANTIOXIDANT
JORDNØDDER
AROMA
TRANG
CACAO
KALORIER
SLIK
KARAMEL
LÆKKER
SØD
EKSOTISK
SMAG
INGREDIENS
KOKOSNØD
PULVER
FAVORIT
KVALITET
OPSKRIFT
SUKKER

18 - Guida

X	O	V	T	R	A	N	S	P	O	R	T	L	B	D	U
P	Z	E	R	A	F	K	U	N	M	R	O	C	G	D	L
O	J	J	H	A	S	T	I	G	H	E	D	H	C	M	Y
L	E	K	Y	C	R	O	T	O	M	D	X	A	R	Y	K
I	L	Y	N	L	D	B	R	Æ	N	D	S	T	O	F	K
T	Q	C	K	H	Z	N	E	Q	V	J	A	R	W	O	E
I	E	U	X	R	T	K	S	N	G	H	G	O	I	O	G
R	R	L	G	Y	P	U	M	N	K	J	F	K	G	C	A
H	A	G	M	P	K	F	E	S	E	U	M	C	D	M	R
K	V	A	O	S	H	Z	R	V	N	C	I	O	Y	L	A
X	S	D	F	N	L	M	B	V	Y	D	I	N	T	G	G
S	I	K	K	E	R	H	E	D	J	U	A	L	N	O	E
Q	F	Z	V	Q	B	U	S	P	T	U	N	N	E	L	R
P	B	M	K	H	E	L	B	E	T	R	A	F	I	K	X
P	E	O	G	O	D	W	V	I	I	Z	N	H	S	U	F
F	O	D	G	Æ	N	G	E	R	L	A	U	R	F	M	U

BIL
BUS
BRÆNDSTOF
BREMSER
GARAGE
GAS
ULYKKE
LICENS
KORT
MOTORCYKEL
MOTOR
FODGÆNGER
FARE
POLITI
SIKKERHED
VEJ
TRAFIK
TRANSPORT
TUNNEL
HASTIGHED

19 - I Media

I	N	D	I	V	I	D	U	E	L	F	U	F	B	K	I
V	O	F	F	E	N	T	L	I	G	X	D	I	I	O	B
L	A	T	I	G	I	D	X	Y	V	M	D	N	L	M	V
U	K	V	Z	O	A	Z	J	P	D	W	A	A	L	M	D
H	M	W	I	R	T	S	U	D	N	I	N	N	E	U	I
H	J	V	G	S	H	J	O	M	X	M	N	S	D	N	N
K	N	G	D	L	E	O	M	I	T	K	E	I	E	I	T
X	D	D	C	U	X	R	L	A	K	O	L	E	R	K	E
O	N	L	I	N	E	A	U	D	R	Y	S	R	J	A	L
B	U	I	Y	V	G	W	B	G	N	O	E	I	H	T	L
K	O	M	M	E	R	C	I	E	L	I	S	N	Q	I	E
U	D	G	A	V	E	Z	O	Q	F	D	N	G	G	O	K
N	E	T	V	Æ	R	K	L	R	K	A	K	G	G	N	T
Q	R	F	O	M	E	N	I	N	G	R	K	H	E	E	U
T	E	L	E	V	I	S	I	O	N	Q	P	T	G	R	E
Z	P	R	I	F	C	E	S	N	C	P	H	B	A	F	L

HOLDNINGER
KOMMERCIEL
KOMMUNIKATION
DIGITAL
UDGAVE
UDDANNELSE
FAKTA
FINANSIERING
BILLEDER
AVISER
INDIVIDUEL
INDUSTRI
INTELLEKTUEL
LOKAL
ONLINE
MENING
OFFENTLIG
RADIO
NETVÆRK
TELEVISION

20 - Forza e Gravità

B	K	R	E	D	S	L	Ø	B	C	O	X	D	Z	C	J
L	E	S	R	E	V	I	N	U	E	M	K	D	I	H	N
U	K	V	H	H	Y	X	M	R	N	D	I	J	Z	D	Y
D	I	T	Æ	M	C	T	K	P	T	N	Q	Z	R	Y	V
V	N	H	V	G	A	W	Q	I	E	A	K	S	E	N	U
I	A	R	N	Æ	E	G	U	N	R	T	Y	T	T	A	L
D	K	C	Y	F	G	L	N	C	W	S	R	E	E	M	P
E	E	N	M	H	B	T	S	E	L	F	T	V	N	I	M
L	M	F	K	Q	F	R	Q	E	T	A	Z	U	A	S	O
S	H	A	S	T	I	G	H	E	D	I	P	X	L	K	M
E	S	L	E	G	A	D	P	O	K	I	S	F	P	I	E
C	B	A	H	T	Z	N	H	H	T	C	A	M	T	S	N
Y	A	D	L	J	U	P	J	S	J	S	U	P	E	Y	T
H	V	Y	Q	W	D	T	G	W	L	P	Y	N	O	F	U
F	R	I	K	T	I	O	N	M	J	I	W	L	F	P	M
K	Q	C	B	V	C	E	J	E	N	D	O	M	M	E	Y

AKSE
FRIKTION
CENTER
DYNAMISK
AFSTAND
UDVIDELSE
FYSIK
MAGNETISME
MEKANIK
BEVÆGELSE
KREDSLØB
VÆGT
PLANETER
TRYK
EJENDOMME
OPDAGELSE
MOMENTUM
TID
UNIVERSEL
HASTIGHED

21 - Uccelli

T	X	N	C	S	T	R	U	D	S	Y	A	P	T	P	Æ
K	Y	L	L	I	N	G	B	X	N	G	H	E	O	I	G
U	L	I	K	P	A	P	E	G	Ø	J	E	L	U	N	J
C	S	A	B	E	M	I	E	R	B	V	V	I	C	G	R
E	A	T	J	O	F	P	A	W	J	D	M	K	A	V	T
D	G	R	O	C	U	U	F	U	A	E	O	A	N	I	T
J	O	M	G	R	P	X	Q	Z	G	L	H	N	B	N	T
B	S	R	N	Y	K	L	B	Q	Å	R	L	I	D	G	V
H	M	O	I	A	N	R	T	N	S	V	B	I	M	Z	R
C	H	T	M	A	X	F	A	X	Y	A	G	I	I	J	N
G	L	F	A	P	F	U	K	T	Q	F	E	F	J	H	Q
G	P	S	L	G	U	F	Å	P	B	E	L	W	D	I	L
Ø	Ø	Y	F	V	L	R	O	Ø	M	Å	G	E	L	C	P
H	G	G	S	V	A	N	E	R	A	O	K	D	W	N	B
A	N	D	S	P	U	R	V	N	E	D	U	E	N	E	R
B	A	M	N	Q	B	X	R	Q	K	N	Q	H	W	D	R

HEJRE
AND
ØRN
STORK
SVANE
GØG
HØG
FLAMINGO
MÅGE
GÅS
PAPEGØJE
SPURV
PÅFUGL
PELIKAN
DUE
PINGVIN
KYLLING
STRUDS
TOUCAN
ÆG

22 - Giorni e Mesi

K	G	S	S	J	H	C	B	I	L	U	J	F	Q	N	Z
Z	A	T	S	U	G	U	A	O	Ø	L	Q	U	D	L	T
B	D	L	G	N	U	Z	M	O	R	A	U	R	B	E	F
C	E	W	E	I	S	R	L	N	D	A	X	E	J	G	C
P	R	H	V	N	W	R	J	S	A	T	Z	B	A	U	A
A	F	T	U	T	D	M	H	D	G	M	I	M	N	U	R
S	P	H	O	W	V	E	N	A	G	L	C	E	U	P	Å
H	B	R	C	W	Q	H	R	G	J	A	L	V	A	C	R
R	Z	P	I	M	A	N	D	A	G	U	D	O	R	T	E
S	V	B	M	L	A	Y	A	O	B	R	B	N	V	I	B
R	G	D	P	P	U	P	V	G	F	C	U	I	Ø	R	M
O	K	T	O	B	E	R	E	B	M	E	C	E	D	S	E
X	F	S	X	K	B	Y	T	U	Q	S	P	Q	E	D	T
P	U	C	S	U	E	F	U	H	T	E	M	Z	N	A	P
L	F	I	G	W	Q	Q	I	V	E	R	Q	L	Å	G	E
O	Y	K	B	H	Z	A	G	H	D	Z	Y	U	M	A	S

AUGUST
ÅR
APRIL
KALENDER
DECEMBER
SØNDAG
FEBRUAR
JANUAR
JUNI
JULI
MANDAG
TIRSDAG
ONSDAG
MÅNED
NOVEMBER
OKTOBER
LØRDAG
SEPTEMBER
UGE
FREDAG

23 - Casa

D	R	H	V	Y	P	Z	G	X	P	C	Y	D	L	M	V
E	T	R	F	Æ	O	E	S	L	E	R	Æ	V	O	T	A
V	O	G	Y	K	G	Y	J	V	Z	N	D	V	F	S	N
T	Æ	P	P	E	Ø	N	N	S	K	O	S	T	T	G	D
D	Ø	R	B	T	A	K	G	A	R	A	G	E	V	A	H
M	H	L	R	O	N	M	K	H	E	G	N	H	M	T	A
S	F	J	U	I	I	O	F	E	P	M	A	L	O	A	N
R	L	D	S	L	J	E	P	S	N	N	M	F	I	A	E
J	F	M	E	B	L	O	F	T	S	R	U	M	Q	S	G
Q	B	U	R	I	X	R	H	W	J	R	K	P	M	U	A
L	V	J	B	B	T	S	E	P	K	S	A	A	K	G	T
V	R	Z	O	W	F	O	L	Q	Q	C	M	T	O	P	E
A	F	E	K	H	W	Z	P	A	D	O	B	E	Y	I	O
X	G	K	Y	C	H	M	P	J	K	W	M	U	G	Y	R
R	A	K	W	Y	W	S	R	E	I	Z	C	C	Q	D	Y
O	V	V	I	N	D	U	E	G	X	A	Z	K	D	M	Q

LOFTSRUM
BIBLIOTEK
VÆRELSE
PEJS
KØKKEN
BRUSER
VINDUE
GARAGE
HAVE
LAMPE
VÆG
ETAGE
DØR
HEGN
VANDHANE
KOST
LOFT
SPEJL
TÆPPE
TAG

24 - Fantascienza

W	Y	U	I	A	I	N	Q	V	G	J	B	I	F	L	Z
J	V	Z	W	R	Æ	N	I	G	A	M	I	C	U	I	X
H	U	T	W	B	D	N	C	H	L	L	O	N	T	V	K
C	A	F	I	G	O	A	L	U	R	L	G	C	U	D	W
F	M	I	W	B	F	B	H	K	B	P	R	V	R	Y	P
M	F	E	L	C	A	R	O	A	B	L	A	J	I	S	O
T	Y	T	K	U	B	R	A	N	D	A	F	H	S	T	X
E	B	S	K	S	I	T	S	A	T	N	A	F	T	O	H
K	Ø	V	T	N	P	Y	Y	G	X	E	X	W	I	P	B
N	G	N	R	I	D	L	U	Z	N	T	B	W	S	I	O
O	E	H	S	V	S	P	O	R	U	U	O	P	K	Q	K
L	R	N	X	O	I	K	T	S	G	A	L	A	K	S	E
O	E	K	S	T	R	E	M	I	I	A	T	O	M	A	R
G	U	T	O	P	I	R	E	T	T	O	B	O	R	O	I
I	R	E	A	L	I	S	T	I	S	K	N	Y	V	Y	F
I	L	L	U	S	I	O	N	E	D	R	E	V	T	A	U

ATOMAR
BIOGRAF
DYSTOPI
EKSPLOSION
EKSTREM
FANTASTISK
BRAND
FUTURISTISK
GALAKSE
ILLUSION
IMAGINÆR
BØGER
MYSTISK
VERDEN
ORACLE
PLANET
REALISTISK
ROBOTTER
TEKNOLOGI
UTOPI

25 - Città

U	N	I	V	E	R	S	I	T	E	T	T	W	V	M	S
B	O	G	H	A	N	D	E	L	M	A	N	L	Z	U	U
L	Z	A	M	V	O	D	H	Y	P	A	A	W	K	S	P
U	A	P	S	M	I	R	E	G	A	B	R	F	J	E	E
F	S	S	K	S	D	E	O	V	A	H	U	K	X	U	R
T	G	K	W	X	A	T	H	O	M	W	A	I	E	M	M
H	B	M	O	Q	T	A	O	W	O	K	T	N	B	D	A
A	Z	A	C	L	S	E	T	A	C	C	S	I	Q	A	R
V	O	D	N	Y	E	T	E	Z	D	E	E	L	U	X	K
N	O	D	R	K	I	R	L	X	U	Z	R	K	D	G	E
G	A	L	L	E	R	I	U	D	L	T	K	W	O	I	D
A	P	O	T	E	K	B	I	B	L	I	O	T	E	K	N
U	C	Q	R	S	Y	P	X	I	H	B	Z	X	U	K	X
O	S	V	R	T	W	T	V	X	E	J	L	U	W	S	K
Y	I	G	D	W	T	X	P	I	W	B	H	Y	H	Q	O
B	U	T	I	K	B	I	O	G	R	A	F	S	E	M	R

LUFTHAVN
BANK
BIBLIOTEK
BIOGRAF
KLINIK
APOTEK
GALLERI
HOTEL
BOGHANDEL
MARKED
MUSEUM
BUTIK
BAGERI
RESTAURANT
SKOLE
STADION
SUPERMARKED
TEATER
UNIVERSITET
ZOO

26 - Fattoria #1

K	G	N	I	N	D	Ø	G	T	A	B	L	H	S	H	A
R	P	E	B	I	K	R	H	I	R	S	V	O	Q	T	O
I	J	Y	D	V	M	F	T	E	I	I	A	N	H	X	Z
S	N	V	K	S	P	N	E	F	S	F	N	N	Y	O	I
C	G	V	A	C	X	U	M	U	S	T	D	I	M	V	K
M	X	H	D	T	Z	Z	L	I	J	C	G	N	G	B	W
Y	D	X	J	V	Z	H	P	L	M	K	Y	G	M	N	V
K	G	T	W	W	K	H	O	T	D	Y	Q	U	H	T	B
Q	F	Y	V	U	H	M	J	S	V	L	A	K	W	T	U
D	Y	E	C	L	S	H	T	P	V	L	R	G	L	H	K
R	N	U	N	R	N	B	J	J	A	I	T	S	J	U	B
S	W	Q	C	K	M	Z	Q	X	C	N	M	C	A	A	N
H	U	N	D	A	O	A	V	G	S	G	M	G	Y	N	O
L	B	G	X	T	G	U	R	B	D	N	A	L	E	S	Æ
T	D	C	S	A	O	P	O	K	O	L	F	B	F	R	D
N	S	V	F	T	D	I	G	H	Ø	H	E	G	N	N	M

VAND
LANDBRUG
BI
ÆSEL
MARK
HUND
GED
HEST
GØDNING
HØ
KAT
FLOK
SVIN
HONNING
KO
KYLLING
HEGN
RIS
FRØ
KALV

27 - Psicologia

V	I	R	K	E	L	I	G	H	E	D	B	Q	S	B	Q
H	I	Z	C	B	A	R	N	D	O	M	I	V	E	E	C
H	T	T	Y	V	U	R	D	E	R	I	N	G	G	V	V
K	T	S	D	I	V	E	B	R	E	D	N	U	O	I	L
S	O	X	R	E	E	D	I	C	S	H	T	H	M	D	V
I	A	N	Æ	M	K	O	G	N	I	T	I	O	N	S	R
N	F	C	F	E	Q	H	R	F	O	I	T	P	B	T	E
I	T	N	D	L	N	L	W	X	Ø	L	A	I	Z	L	G
L	A	T	A	B	I	Q	Q	U	L	L	W	K	S	Ø	N
K	L	E	V	O	N	K	A	X	D	S	E	G	C	S	I
J	E	R	E	R	E	H	T	Y	N	A	V	L	I	G	R
J	H	A	S	P	L	A	L	D	P	I	F	G	S	N	A
L	Z	P	O	P	F	A	T	T	E	L	S	E	G	E	F
Q	F	I	U	K	H	V	U	Z	T	A	N	K	E	R	R
S	E	N	S	A	T	I	O	N	G	C	L	G	S	P	E
F	Q	P	E	R	S	O	N	L	I	G	H	E	D	J	B

AFTALE
KLINISK
KOGNITION
ADFÆRD
KONFLIKT
EGO
FØLELSER
ERFARINGER
IDEER
BEVIDSTLØS
BARNDOM
TANKER
OPFATTELSE
PERSONLIGHED
PROBLEM
VIRKELIGHED
SENSATION
UNDERBEVIDST
TERAPI
VURDERING

28 - Paesaggi

G	D	M	L	F	O	J	Y	V	A	H	X	M	G	N	U
L	Y	H	D	N	A	R	T	S	A	R	D	N	U	T	S
E	L	U	H	N	S	N	Z	J	M	N	A	K	L	U	V
T	E	O	L	A	E	P	M	U	S	D	D	K	I	F	Y
S	K	Q	G	E	K	K	G	X	Ø	D	H	F	P	V	S
J	T	C	G	C	K	A	R	E	S	J	E	G	A	Q	K
E	L	H	R	O	A	Y	E	Ø	V	L	A	H	P	L	C
R	W	D	J	Q	B	Y	J	N	T	E	W	C	H	A	D
A	X	O	Z	X	D	Y	B	I	M	H	P	W	M	D	J
M	M	M	J	W	A	F	P	C	S	F	K	G	F	B	W
J	T	C	Z	S	Y	O	G	I	I	B	I	U	L	W	F
D	Y	Z	A	C	A	F	D	K	G	E	J	W	O	L	V
O	C	B	D	V	D	I	E	C	N	G	R	E	D	Z	Q
I	I	S	E	A	W	U	R	L	K	V	B	G	R	V	A
X	J	F	V	F	B	X	H	F	F	H	H	P	F	G	S
F	U	K	J	G	Q	Y	A	Z	L	G	P	F	F	N	D

VANDFALD
BAKKE
ØRKEN
FLOD
GEJSER
GLETSJER
HULE
ISBJERG
SØ
HAV

BJERG
OASE
OCEAN
SUMP
HALVØ
STRAND
TUNDRA
DAL
VULKAN

29 - Energia

W	D	L	J	K	M	L	T	Q	X	F	F	D	H	T	N
Y	Z	P	A	Z	M	O	G	N	P	W	O	U	R	B	S
L	E	E	D	M	Y	C	T	I	W	Q	T	T	V	H	E
D	A	M	P	T	H	Ø	H	O	V	B	S	Y	O	E	L
M	W	V	O	Q	C	J	J	E	R	Q	D	V	B	N	E
F	O	R	N	Y	E	L	I	G	N	B	N	I	D	Y	K
M	N	T	R	B	B	I	B	N	O	T	Æ	N	W	V	T
C	I	J	W	G	A	M	Y	I	R	H	R	D	E	Q	R
B	R	I	N	T	T	I	Q	N	T	I	B	O	P	W	I
E	G	T	D	S	T	N	H	E	K	H	P	C	P	S	S
Z	S	U	I	R	E	D	R	R	E	M	R	A	V	I	K
T	Q	R	E	T	R	U	A	U	L	B	E	N	Z	I	N
W	K	B	S	U	I	S	D	R	E	J	L	W	V	C	V
P	K	I	E	U	D	T	A	O	U	D	E	X	K	W	D
Z	E	N	L	N	J	R	L	F	O	T	S	L	U	K	P
S	C	E	S	P	Q	I	N	E	Y	T	L	L	N	C	C

MILJØ
BATTERI
BENZIN
VARME
KULSTOF
BRÆNDSTOF
DIESEL
ELEKTRISK
ELEKTRON
ENTROPI
FOTON
BRINT
INDUSTRI
FORURENING
MOTOR
FORNYELIG
TURBINE
DAMP
VIND

30 - Moda

D	E	E	Q	L	I	T	S	P	S	M	V	D	E	L	M
Y	A	I	V	E	P	N	Ø	O	R	O	K	S	A	S	O
R	L	J	D	B	E	A	J	J	Q	A	T	L	U	S	D
T	D	M	D	A	B	G	R	U	T	S	K	E	T	T	E
U	B	Ø	U	T	T	E	B	M	U	E	F	T	O	O	R
W	D	N	E	R	T	L	H	I	M	D	A	Y	I	F	N
E	I	S	I	O	N	E	B	R	O	D	E	R	I	S	E
Q	A	T	B	F	B	E	S	K	E	D	E	N	B	W	K
O	E	E	B	M	E	D	O	J	I	P	N	H	D	L	K
O	R	R	O	O	U	W	X	O	K	T	G	N	K	Y	S
N	N	I	P	K	S	I	M	P	E	L	X	L	I	R	B
T	I	A	G	S	O	F	I	S	T	I	K	E	R	E	T
K	A	M	P	I	U	Z	A	B	O	U	T	I	Q	U	E
D	V	I	N	D	N	O	L	B	G	S	Z	V	Z	F	Q
U	M	I	J	V	P	A	U	A	H	X	N	E	N	B	F
K	N	A	P	P	E	R	L	O	Q	X	H	J	P	H	N

TØJ
BOUTIQUE
DYRT
KOMFORTABEL
ELEGANT
MØNSTER
MODERNE
BESKEDEN
ORIGINAL
BLOND
PRAKTISK
KNAPPER
BRODERI
SIMPEL
SOFISTIKERET
STIL
TREND
STOF
TEKSTUR

31 - L'Azienda

P	K	C	P	Y	R	E	G	N	I	N	N	Ø	L	K	I
R	V	G	R	U	R	E	M	J	P	S	K	A	E	R	N
Æ	A	Y	O	S	E	J	S	M	L	S	V	C	N	E	V
S	L	D	F	M	Z	S	M	S	I	W	T	S	H	A	E
E	I	L	E	V	I	T	A	V	O	N	N	I	E	T	S
N	T	B	S	H	V	X	Q	N	V	U	A	V	D	I	T
T	E	E	S	T	G	Æ	T	D	N	I	R	Z	E	V	E
A	T	S	I	D	P	I	U	J	B	C	T	C	R	E	R
T	A	L	O	I	S	R	L	I	Z	I	G	I	E	L	I
I	X	U	N	R	M	G	O	U	L	S	K	H	Z	R	N
O	G	T	E	K	B	T	L	D	M	I	H	V	V	B	G
N	L	N	L	S	N	E	I	R	U	R	N	E	D	N	Y
X	O	I	H	M	I	T	Q	A	I	K	V	F	Z	Q	U
Q	B	N	R	E	C	P	J	K	D	Y	T	I	C	D	Q
D	A	G	L	R	T	E	N	D	E	N	S	E	R	P	A
H	L	A	Z	F	I	N	D	U	S	T	R	I	I	H	R

KREATIV
BESLUTNING
GLOBAL
INDUSTRI
INNOVATIV
INVESTERING
MULIGHED
PRÆSENTATION
PRODUKT
PROFESSIONEL
FREMSKRIDT
KVALITET
INDTÆGT
RY
RISICI
RESSOURCER
LØNNINGER
TENDENSER
ENHEDER

32 - Giardino

T	R	Æ	J	U	M	D	G	E	S	S	A	R	R	E	T
S	V	F	Z	D	M	V	Q	K	K	P	K	D	E	K	H
M	I	T	R	A	M	P	O	L	I	N	B	O	B	K	Æ
O	N	A	O	S	F	Q	S	Q	F	B	Æ	M	V	P	N
L	S	P	V	D	Q	N	N	E	Y	V	Y	B	B	L	G
B	T	R	A	Y	Y	X	B	Z	Y	M	F	B	U	O	E
Q	O	O	E	V	D	V	G	W	D	A	M	E	S	W	K
X	K	O	D	R	A	I	Y	Y	Y	J	D	C	K	G	Ø
S	J	J	U	A	M	Q	Z	O	N	O	B	L	U	R	J
F	C	U	E	V	A	H	T	G	U	R	F	J	K	Æ	E
E	E	Y	V	V	X	L	Y	V	Y	D	E	X	R	S	W
T	I	D	A	J	I	R	U	X	H	E	G	N	U	P	E
B	V	H	H	R	G	R	G	R	Æ	S	A	N	D	L	T
S	L	A	N	G	E	F	C	Q	D	N	R	M	T	Æ	D
J	J	Q	L	A	W	X	R	G	Q	Y	A	Y	Z	N	O
G	K	Z	Q	U	N	S	F	E	O	Y	G	H	O	E	K

TRÆ
HÆNGEKØJE
BUSK
GRÆS
UKRUDT
BLOMST
FRUGTHAVE
GARAGE
HAVE
SKOVL
BÆNK
GRÆSPLÆNE
RIVE
HEGN
DAM
JORD
TERRASSE
TRAMPOLIN
SLANGE
VINSTOK

33 - Riscaldamento Globale

F	Y	W	T	Z	A	F	S	L	B	I	D	G	K	I	B
I	R	E	N	O	I	T	A	R	E	N	E	G	A	B	E
N	E	E	K	X	I	R	I	G	I	D	H	N	E	S	F
T	S	Y	M	P	W	I	G	N	U	U	M	I	N	M	O
E	N	Z	A	T	Y	N	N	U	W	S	O	L	E	I	L
R	E	B	X	R	I	U	I	M	G	T	S	K	R	L	K
N	V	M	H	H	K	D	N	C	X	R	K	I	G	J	N
A	K	D	A	T	A	T	V	K	J	I	R	V	I	Ø	I
T	E	V	E	U	A	N	I	U	A	K	Æ	D	F	M	N
I	S	Z	P	L	A	M	G	S	Q	R	M	U	H	Æ	G
O	N	X	Y	O	I	K	V	O	K	I	P	O	B	S	E
N	O	W	V	X	M	O	O	N	B	S	O	V	M	S	R
A	K	P	R	L	T	E	L	I	W	E	A	Z	E	I	X
L	L	K	X	R	E	G	E	R	I	N	G	W	H	G	Y
L	L	E	V	E	S	T	E	D	E	R	K	L	I	M	A
T	E	M	P	E	R	A	T	U	R	E	R	B	D	J	W

MILJØMÆSSIG
ARKTISK
OPMÆRKSOMHED
KLIMA
KONSEKVENSER
KRISE
DATA
ENERGI
FREMTID
GAS
GENERATIONER
REGERING
LEVESTEDER
INDUSTRI
INTERNATIONAL
LOVGIVNING
NU
BEFOLKNINGER
UDVIKLING
TEMPERATURER

34 - Frutta

F	G	S	C	U	I	S	D	P	K	P	M	N	F	Q	L
W	U	R	G	R	V	L	A	A	I	J	S	I	N	R	D
G	O	N	J	M	H	L	U	P	R	P	Æ	R	E	F	Z
M	Y	N	Y	C	H	G	J	A	S	G	J	A	K	H	J
S	O	K	I	R	B	A	S	Y	E	S	O	T	S	Z	G
A	D	I	P	X	H	X	Y	A	B	B	T	K	R	J	N
N	A	W	G	V	Y	A	Y	W	Æ	I	A	E	E	K	A
A	C	I	B	Æ	R	H	F	A	R	F	Z	N	F	I	F
N	O	B	D	R	U	E	W	V	Æ	O	K	J	A	V	Y
A	V	Z	L	N	O	L	E	M	B	N	K	M	Q	N	T
K	A	R	O	O	G	N	A	M	M	B	H	X	P	F	J
Æ	F	J	N	R	M	B	S	K	O	R	A	N	G	E	V
Z	B	U	G	T	O	M	X	Q	R	B	N	L	B	C	P
X	B	L	O	I	B	E	E	Z	B	W	K	Y	P	I	T
Y	A	M	E	C	H	I	N	D	B	Æ	R	F	A	J	A
L	U	U	G	M	Q	V	E	V	U	N	K	Y	F	W	O

ABRIKOS
ANANAS
ORANGE
AVOCADO
BÆR
BANAN
KIRSEBÆR
KIWI
HINDBÆR
CITRON
MANGO
ÆBLE
MELON
BROMBÆR
NEKTARIN
PAPAYA
PÆRE
FERSKEN
BLOMME
DRUE

35 - Fattoria #2

S	R	W	R	G	Q	S	I	Z	L	U	V	T	E	J	Y
M	E	P	H	J	U	T	M	K	E	C	E	J	C	O	L
F	D	Y	F	C	S	J	B	Y	G	P	E	Z	T	U	A
X	G	W	D	B	P	F	R	U	G	T	H	A	V	E	M
G	V	E	N	G	F	U	Å	F	X	O	N	B	G	D	E
L	N	G	B	X	E	B	F	M	L	H	M	F	X	R	I
D	Y	R	D	F	A	E	Q	K	B	F	Q	M	T	Y	V
N	U	O	Z	Z	X	X	X	M	I	S	F	B	T	H	W
A	E	T	M	C	A	X	G	I	S	J	B	K	M	O	I
M	M	K	F	R	U	G	T	Æ	U	P	D	K	H	T	F
D	J	A	G	O	P	U	F	G	S	P	O	F	Q	Q	Q
N	E	R	J	B	L	D	N	A	U	R	S	A	I	D	H
A	I	T	X	S	B	A	L	A	D	E	T	O	K	W	F
L	H	I	F	D	M	M	M	U	S	M	Æ	L	K	Z	C
C	O	C	G	N	I	D	N	A	V	T	S	N	U	K	Z
B	I	K	U	B	E	D	E	V	H	T	I	N	X	Z	T

LAM
LANDMAND
BIKUBE
AND
DYR
MAD
LADE
FRUGT
FRUGTHAVE
HVEDE
KUNSTVANDING
LAMA
MÆLK
MAJS
GÆS
BYG
HYRDE
FÅR
ENG
TRAKTOR

36 - Verdure

A	B	H	E	R	A	R	K	D	T	B	W	W	M	G	Q
A	R	V	X	S	C	K	R	N	O	N	J	K	A	U	S
G	O	I	O	P	I	L	A	W	M	B	L	K	J	L	P
U	C	D	A	L	M	P	C	D	A	Z	Z	D	R	E	I
R	C	L	S	R	F	A	R	R	T	B	L	Y	O	R	N
K	O	Ø	Y	W	T	R	V	D	Z	B	K	Ø	E	O	A
H	L	G	O	F	A	I	E	S	I	D	A	R	G	D	T
M	I	K	B	W	L	Y	S	Q	S	T	R	Æ	R	A	U
G	H	K	B	O	A	N	Z	K	F	J	T	F	D	Y	Z
Z	A	E	Z	V	S	E	H	A	O	A	O	E	V	M	K
K	V	X	S	E	L	L	E	R	I	K	F	G	Z	I	L
P	E	R	S	I	L	L	E	W	V	G	F	N	L	M	P
S	K	A	L	O	T	T	E	L	Ø	G	E	I	O	P	B
G	R	Æ	S	K	A	R	I	A	K	U	L	E	O	P	I
B	O	X	O	P	Z	A	U	C	V	W	F	F	D	A	H
K	D	B	S	M	O	Q	A	U	B	E	R	G	I	N	E

HVIDLØG
BROCCOLI
ARTISKOK
GULEROD
AGURK
LØG
SVAMP
SALAT
AUBERGINE
KARTOFFEL

ÆRT
TOMAT
PERSILLE
MAJROE
RADISE
SKALOTTELØG
SELLERI
SPINAT
INGEFÆR
GRÆSKAR

37 - Musica

I	Y	O	R	Y	T	M	I	S	K	S	I	R	Y	L	I
E	E	O	O	C	M	Z	H	Y	A	X	N	P	S	A	J
M	P	H	K	F	U	Y	A	E	D	Y	D	D	D	K	G
Y	U	T	L	H	Y	Q	R	M	M	X	S	D	V	O	O
Q	X	S	U	A	E	N	M	X	U	Y	P	N	P	V	B
Z	A	I	I	V	I	O	O	H	S	B	I	D	O	V	D
Z	P	Q	L	K	B	F	N	U	I	Q	L	V	E	L	R
S	Y	N	G	E	E	O	I	A	K	I	N	A	T	A	Y
G	W	R	L	U	O	R	L	P	A	B	I	H	I	X	S
G	J	Q	D	W	P	K	O	N	L	S	N	X	S	Y	M
H	A	R	M	O	N	I	S	K	S	R	G	V	K	A	I
A	R	C	N	N	S	M	Z	V	K	E	Y	J	V	J	X
J	E	D	A	L	L	A	B	G	X	G	F	T	L	G	O
I	P	I	N	S	T	R	U	M	E	N	T	N	M	V	C
T	O	M	E	L	O	D	I	H	J	A	G	L	M	E	D
I	I	H	O	L	F	T	K	S	I	S	S	A	L	K	P

ALBUM
HARMONI
HARMONISK
BALLADE
SANGER
SYNGE
KLASSISK
KOR
LYRISK
MELODI
MIKROFON
MUSIKALSK
MUSIKER
OPERA
POETISK
INDSPILNING
RYTMISK
RYTME
INSTRUMENT
VOKAL

38 - Barbecue

Z	B	M	Z	A	K	Y	L	J	O	M	S	D	D	P	V
N	C	S	F	T	V	H	O	A	F	U	A	R	D	H	D
Z	N	G	L	X	R	E	M	M	O	S	U	G	P	M	X
E	P	U	S	K	M	D	Q	I	P	I	C	S	S	I	Y
N	Y	V	N	F	I	W	L	J	S	K	E	Q	A	D	T
Y	R	S	S	R	X	R	E	T	A	M	O	T	L	D	C
P	M	T	B	U	I	A	I	P	V	Q	O	K	T	A	A
X	E	X	Q	G	N	I	L	L	Y	K	C	X	B	G	I
B	U	B	A	T	N	O	I	T	A	T	I	V	N	I	M
B	E	J	E	U	Z	D	M	T	T	L	U	S	H	K	N
W	H	G	B	R	E	T	A	L	A	S	Y	C	Q	N	J
P	H	W	R	G	Z	L	F	M	Y	J	O	A	X	I	W
U	R	Q	T	L	L	I	R	G	C	A	G	K	R	V	R
C	G	K	G	Ø	I	G	K	D	H	E	K	W	O	E	Z
Z	U	E	U	G	P	S	X	O	F	Q	K	Z	C	R	D
S	S	F	M	G	S	Y	Y	H	C	T	T	Q	A	A	F

HED
MIDDAG
MAD
LØG
KNIVE
SOMMER
SULT
FAMILIE
FRUGT
SPIL
GRILL
SALATER
INVITATION
MUSIK
PEBER
KYLLING
TOMATER
FROKOST
SALT
SAUCE

39 - Fisica

N	K	Z	M	K	E	P	M	I	I	X	P	U	T	A	V
G	A	S	O	Z	K	C	W	K	O	N	A	N	Y	C	A
N	C	Z	T	T	S	F	S	Y	I	O	R	I	N	C	R
P	Q	B	O	L	I	O	A	K	X	P	T	V	G	E	I
U	N	Y	R	G	M	R	A	M	B	R	I	E	D	L	A
S	J	K	L	V	E	M	D	K	O	N	K	R	E	E	B
L	K	I	N	A	K	E	M	T	A	O	E	S	K	R	E
U	D	A	T	O	M	L	L	A	Æ	R	L	E	R	A	L
K	D	E	H	G	I	T	S	A	H	T	L	L	A	T	F
Q	U	V	D	Z	V	J	M	B	B	K	H	I	F	I	R
K	A	F	I	H	F	E	N	T	B	E	Y	E	T	O	E
N	G	H	V	D	Z	C	F	C	B	L	T	G	D	N	K
A	U	J	X	F	E	M	S	I	T	E	N	G	A	M	V
P	H	T	Z	I	E	L	Y	K	E	L	O	M	Q	K	E
Z	S	V	Q	C	A	U	S	V	S	N	C	C	D	M	N
P	A	Z	I	K	W	S	J	E	K	E	Q	F	A	Q	S

ACCELERATION
ATOM
KAOS
KEMISK
TÆTHED
ELEKTRON
UDVIDELSE
FORMEL
FREKVENS
GAS
TYNGDEKRAFT
MAGNETISME
MEKANIK
MOLEKYLE
MOTOR
PARTIKEL
UNIVERSEL
VARIABEL
HASTIGHED

40 - Agronomia

Ø	E	J	H	X	P	V	L	A	R	U	R	Z	C	W	Y
K	F	R	O	O	A	Æ	B	A	K	S	N	E	D	I	V
O	O	E	O	K	D	K	T	Q	N	Q	R	Y	A	G	P
L	R	M	H	S	U	S	A	S	M	D	Q	T	M	R	Q
O	S	E	O	F	I	T	H	Q	A	F	B	U	I	E	F
G	K	T	J	J	A	O	F	I	Y	H	R	R	N	N	H
I	N	S	E	P	E	E	N	M	J	G	G	X	U	E	B
S	I	Y	Z	S	G	X	N	F	R	Ø	C	E	M	G	X
K	N	S	Ø	V	A	N	D	A	H	O	Z	M	E	J	U
J	G	N	W	J	S	G	S	Y	G	D	O	M	M	E	I
Z	G	X	S	D	L	N	O	I	T	K	U	D	O	R	P
G	E	E	F	V	Q	I	H	B	I	M	V	C	X	F	E
F	N	A	H	G	Q	N	M	Ø	K	O	L	O	G	I	A
S	Q	B	K	Q	T	D	U	L	A	W	Y	J	U	K	L
U	N	D	E	R	S	Ø	G	E	L	S	E	J	O	R	D
G	P	Y	H	L	K	G	N	I	N	E	R	U	R	O	F

VAND
LANDBRUG
MILJØ
MAD
VÆKST
ØKOLOGI
ENERGI
EROSION
GØDNING
FORURENING

SYGDOMME
ØKOLOGISK
PRODUKTION
FORSKNING
RURAL
VIDENSKAB
FRØ
SYSTEMER
UNDERSØGELSE
JORD

41 - Erboristeria

O	E	P	G	D	S	K	V	A	L	I	T	E	T	K	F
I	S	M	N	H	H	I	N	G	R	E	D	I	E	N	S
K	T	P	N	Z	T	S	A	R	O	M	A	T	I	S	K
T	R	R	T	R	V	Q	M	K	N	U	U	S	Q	S	S
I	A	M	X	S	I	L	H	F	A	K	U	M	D	U	I
M	G	I	W	J	C	T	K	Q	G	I	Z	O	B	G	R
I	O	F	X	N	Q	Z	K	S	E	L	F	L	R	I	A
A	N	O	R	F	F	A	S	R	R	I	U	B	I	K	N
N	X	R	Y	N	Y	L	D	S	O	S	J	S	G	M	I
G	R	G	V	K	X	E	N	I	T	A	I	H	W	G	L
H	B	M	V	F	Z	D	W	N	L	B	G	H	N	N	U
X	B	L	E	K	I	N	N	E	F	D	N	L	A	E	K
S	T	T	T	R	B	E	Ø	A	H	K	H	H	B	V	N
S	F	U	N	P	I	V	R	H	V	I	D	L	Ø	G	E
L	B	T	Y	H	W	A	G	P	E	R	S	I	L	L	E
V	E	C	M	F	O	L	N	I	R	A	M	S	O	R	E

HVIDLØG
DILD
AROMATISK
BASILIKUM
KULINARISK
ESTRAGON
FENNIKEL
BLOMST
HAVE
INGREDIENS

LAVENDEL
MERIAN
MYNTE
OREGANO
PERSILLE
KVALITET
ROSMARIN
TIMIAN
GRØN
SAFFRON

42 - Biologia

Z	H	K	F	N	C	E	S	P	A	N	Y	S	C	K	X
I	A	R	O	A	K	M	J	Y	B	N	H	N	I	R	H
Q	K	O	T	T	W	C	P	X	M	F	V	Y	C	Y	O
Y	F	M	O	U	T	H	B	I	Z	B	H	V	N	B	R
G	W	O	S	R	F	K	T	A	F	L	I	S	B	D	M
R	I	S	Y	L	E	L	L	E	C	N	K	O	I	Y	O
L	M	O	N	I	I	S	K	N	W	R	N	R	S	R	N
P	O	M	T	G	R	N	O	I	T	A	T	U	M	E	M
P	T	R	E	A	E	K	L	M	Y	Z	N	E	S	Q	F
P	A	L	S	S	T	J	L	Q	S	M	W	J	Q	H	Q
R	N	T	E	I	K	M	A	C	W	O	N	E	R	V	E
O	A	L	T	I	A	U	G	N	I	L	K	I	V	D	U
T	R	D	W	E	B	R	E	T	S	O	F	Y	P	V	H
E	T	J	A	I	D	S	N	O	R	U	E	N	F	A	D
I	T	W	A	A	Z	Y	S	K	K	G	J	Q	K	M	T
N	E	N	B	M	C	F	R	K	Z	U	M	N	C	Y	F

ANATOMI
BAKTERIE
CELLE
KOLLAGEN
KROMOSOM
FOSTER
ENZYM
UDVIKLING
FOTOSYNTESE
PATTEDYR
MUTATION
NATURLIG
NERVE
NEURON
HORMON
OSMOSE
PROTEIN
KRYBDYR
SYMBIOSE
SYNAPSE

43 - Attività Commerciale

Z	K	N	I	A	R	O	T	N	O	K	M	K	E	L	B
L	G	P	T	D	K	A	T	U	L	A	V	J	K	F	F
P	E	N	G	E	A	F	B	W	I	S	P	F	N	K	A
I	M	B	G	K	R	Y	I	A	M	R	I	F	O	I	B
N	E	J	P	D	R	Y	I	N	T	E	G	D	U	B	R
V	D	B	K	L	I	A	J	T	A	Z	Q	X	Y	M	I
E	A	K	O	W	E	N	I	M	O	N	O	K	Ø	Y	K
S	R	S	H	O	R	B	U	T	I	K	S	L	H	A	T
T	B	E	N	X	E	A	G	Q	D	Z	T	I	U	C	N
E	E	T	R	A	N	S	A	K	T	I	O	N	E	A	A
R	J	S	W	A	Z	G	R	N	B	S	H	P	C	R	N
I	D	O	N	M	V	Y	N	M	V	A	Y	R	U	E	E
N	E	K	B	L	W	M	V	J	J	L	K	O	G	Z	J
G	R	I	N	D	K	O	M	S	T	G	D	F	Y	G	Z
A	R	B	E	J	D	S	G	I	V	E	R	I	N	X	F
K	M	C	U	S	X	W	D	J	S	D	E	T	O	C	A

BUDGET
KARRIERE
KOSTE
ARBEJDSGIVER
MEDARBEJDER
ØKONOMI
FABRIK
FINANSIERE
INVESTERING
VARER
BUTIK
PROFIT
INDKOMST
RABAT
FIRMA
PENGE
TRANSAKTION
KONTOR
VALUTA
SALG

44 - Fiori

R	C	Z	M	Q	C	S	N	V	B	Z	X	M	O	D	G
Q	Z	Z	S	A	R	U	Y	R	C	C	Y	L	R	S	A
T	N	V	P	L	G	H	T	E	S	O	R	A	K	G	R
Q	J	W	Å	L	N	N	U	V	U	C	Q	V	I	Z	D
P	P	X	S	I	A	I	O	Ø	C	H	S	E	D	I	E
V	A	X	K	L	P	M	N	L	S	C	X	N	E	D	N
I	M	V	E	R	I	S	I	K	I	V	G	D	U	N	I
Y	E	J	L	I	L	A	X	N	B	A	Q	E	M	K	A
C	K	I	I	P	U	J	O	B	I	D	A	L	L	S	W
C	I	Z	L	P	T	P	J	I	H	A	L	S	A	O	E
A	Q	T	J	F	F	Æ	M	F	D	I	S	B	V	L	K
H	F	D	E	R	H	O	F	H	X	S	I	X	S	S	L
S	Y	D	Q	K	I	N	C	T	R	Y	A	U	Y	I	L
X	H	P	H	W	U	P	L	U	M	E	R	I	A	K	R
L	O	K	D	A	L	B	N	O	R	K	F	S	G	K	O
P	A	S	S	I	O	N	F	L	O	W	E	R	B	E	R

GARDENIA
JASMIN
LILJE
SOLSIKKE
HIBISCUS
LAVENDEL
LILLA
MAGNOLIA
DAISY
BUKET
PÅSKELILJE
ORKIDE
VALMUE
PASSIONFLOWER
PÆON
KRONBLAD
PLUMERIA
ROSE
KLØVER
TULIPAN

45 - Filantropia

M	I	S	S	I	O	N	B	V	C	U	Æ	O	A	B	G
Y	V	T	E	F	R	N	E	Ø	M	W	R	F	L	I	E
P	E	F	E	J	I	F	Z	X	R	P	L	F	Q	R	N
R	L	Æ	K	V	T	N	J	U	A	N	I	E	X	Z	E
M	G	L	Å	M	U	L	A	A	S	O	G	N	G	M	R
B	Ø	L	Z	R	N	L	K	N	W	U	H	T	L	H	Ø
A	R	E	B	E	H	O	V	M	S	W	E	L	O	G	S
K	E	S	X	K	F	O	H	K	I	I	D	I	B	R	I
O	N	S	Y	S	N	N	S	F	L	D	E	G	A	U	T
N	H	K	W	E	U	N	G	D	O	M	L	R	L	P	E
T	E	A	D	N	D	O	N	E	R	E	B	E	E	P	T
A	D	B	N	N	H	I	S	T	O	R	I	E	R	E	N
K	N	B	R	E	M	M	A	R	G	O	R	P	Y	R	H
T	P	B	W	M	M	M	Q	Z	C	G	H	M	J	K	J
E	U	D	F	O	R	D	R	I	N	G	E	R	Q	R	I
R	H	C	W	M	L	W	I	L	B	R	J	M	B	L	T

BØRN
BEHOV
VELGØRENHED
FÆLLESSKAB
KONTAKTER
DONERE
FINANSIERE
MIDLER
GENERØSITET
UNGDOM
GLOBAL
GRUPPER
MISSION
MÅL
ÆRLIGHED
MENNESKER
PROGRAMMER
OFFENTLIG
UDFORDRINGER
HISTORIE

46 - Ecologia

B	C	L	A	K	F	S	N	E	X	O	F	L	O	R	A
J	K	X	L	J	Æ	V	S	Q	U	P	G	A	U	M	S
E	S	E	G	I	L	L	I	V	I	R	F	B	V	A	E
R	E	T	N	A	L	P	T	X	Z	U	K	O	X	N	R
G	S	A	O	T	E	N	I	R	A	M	I	L	L	G	E
E	L	T	I	T	S	M	O	S	E	S	L	G	E	F	S
V	E	I	T	Ø	S	I	V	L	N	M	S	I	G	O	S
U	V	B	A	R	K	N	B	J	W	N	A	G	D	L	O
C	E	A	T	K	A	P	A	M	I	L	K	R	Z	D	U
B	L	H	E	E	B	N	R	T	U	W	B	R	T	I	R
G	R	Y	G	X	E	Z	A	N	U	A	F	J	A	G	C
V	E	S	E	P	R	J	L	T	V	R	O	G	C	H	E
A	V	K	V	Y	P	E	C	Y	U	B	L	R	F	E	R
X	O	P	F	W	U	G	V	H	E	R	W	I	R	D	B
B	Æ	R	E	D	Y	G	T	I	G	V	B	U	G	H	I
B	B	U	P	D	Q	J	B	G	W	L	R	E	F	V	R

KLIMA
FÆLLESSKABER
MANGFOLDIGHED
FAUNA
FLORA
GLOBAL
HABITAT
MARINE
BJERGE
NATUR
NATURLIG
MOSE
PLANTER
RESSOURCER
TØRKE
OVERLEVELSE
BÆREDYGTIG
ART
VEGETATION
FRIVILLIGE

47 - Discipline Scientifiche

O	A	P	A	M	I	G	O	L	O	I	S	Y	F	G	A
W	L	D	C	S	I	M	Y	E	B	I	O	K	E	M	I
V	I	A	K	I	T	N	M	X	H	O	Z	K	Y	G	E
S	N	J	X	H	A	R	E	U	Q	K	I	T	Y	E	J
O	G	A	O	V	I	R	O	R	N	X	G	V	E	O	K
C	V	R	I	M	O	T	A	N	A	O	O	H	J	L	N
I	I	K	I	N	A	K	E	M	O	L	L	J	T	O	E
O	S	Æ	B	O	T	A	N	I	K	M	O	O	D	G	U
L	T	O	O	E	P	V	C	K	X	O	I	G	G	I	R
O	I	L	Z	O	O	L	O	G	I	M	B	Y	I	I	O
G	K	O	M	E	T	E	O	R	O	L	O	G	I	O	L
I	D	G	T	E	R	M	O	D	Y	N	A	M	I	K	O
K	V	I	G	O	L	O	K	Ø	X	G	I	Q	G	G	G
I	R	W	X	F	C	B	M	J	H	N	I	T	V	I	I
C	B	J	U	A	W	Z	R	K	E	M	I	N	N	Q	Y
A	P	L	N	U	P	P	S	Y	K	O	L	O	G	I	B

ANATOMI
ARKÆOLOGI
ASTRONOMI
BIOKEMI
BIOLOGI
BOTANIK
KEMI
ØKOLOGI
FYSIOLOGI
GEOLOGI
IMMUNOLOGI
LINGVISTIK
MEKANIK
METEOROLOGI
MINERALOGI
NEUROLOGI
PSYKOLOGI
SOCIOLOGI
TERMODYNAMIK
ZOOLOGI

48 - Scienza

D	O	V	N	Z	Q	U	O	R	G	A	N	I	S	M	E
H	A	T	E	R	E	T	D	O	Y	W	R	D	P	N	M
Y	M	T	P	E	F	G	A	V	R	X	T	L	Q	Q	I
P	I	F	A	L	K	T	T	Z	I	M	O	G	X	Q	N
O	L	A	P	Y	I	S	Y	V	M	K	E	F	K	L	E
T	K	R	A	K	S	B	P	Y	U	O	L	K	Y	E	R
E	S	K	R	E	Y	T	X	E	I	X	X	I	G	Q	A
S	I	E	T	L	F	N	F	F	R	X	T	O	N	A	L
E	M	D	I	O	A	W	I	C	O	I	U	A	R	G	E
F	E	G	K	M	I	E	D	O	T	E	M	S	B	I	R
A	K	N	L	V	N	O	I	T	A	V	R	E	S	B	O
K	J	Y	E	A	S	O	N	F	R	U	T	A	N	I	A
T	Y	T	R	T	J	U	C	E	O	T	Q	Y	A	T	C
U	M	W	T	O	H	S	A	B	B	S	F	Z	K	N	K
M	D	V	J	M	R	E	T	N	A	L	P	J	B	P	F
C	A	J	K	Q	P	E	J	Q	L	I	S	S	O	F	V

ATOM
KEMISK
KLIMA
DATA
EKSPERIMENT
UDVIKLING
FAKTUM
FYSIK
FOSSIL
TYNGDEKRAFT
HYPOTESE
LABORATORIUM
METODE
MINERALER
MOLEKYLER
NATUR
ORGANISME
OBSERVATION
PARTIKLER
PLANTER

49 - Acqua

M	F	O	R	D	A	M	P	N	I	N	G	G	U	G	R
O	B	P	K	O	D	E	C	E	N	D	D	V	C	N	Y
V	J	N	W	C	A	F	Y	K	S	G	Q	J	X	I	K
E	O	J	F	S	X	D	P	D	T	J	O	O	C	D	D
R	Y	F	X	T	G	U	F	S	A	Z	S	N	Y	N	O
S	N	S	K	R	E	G	L	Ø	B	M	K	A	N	A	L
V	X	Q	K	Ø	N	U	S	N	O	M	P	K	G	V	F
Ø	N	E	F	M	S	L	I	O	U	B	Y	R	E	T	U
M	N	G	I	T	G	U	F	S	C	E	R	O	R	S	L
M	Q	E	L	S	B	Q	O	S	A	E	F	C	E	N	W
E	E	J	W	O	W	H	F	Ø	Y	T	A	N	S	U	P
L	A	S	Q	R	Y	S	H	P	J	H	Z	N	U	K	T
S	Z	E	R	F	R	G	G	Q	K	Q	V	R	R	U	A
E	C	R	B	K	I	E	L	I	V	Y	O	R	B	K	V
S	Y	P	V	P	V	C	K	D	M	S	U	S	S	F	S
Q	Q	Q	D	A	B	I	D	P	T	T	P	U	C	V	W

OVERSVØMMELSE
KANAL
BRUSER
FORDAMPNING
FLOD
STRØM
FROST
GEJSER
IS
KUNSTVANDING
SØ
MONSUN
SNE
OCEAN
BØLGER
REGN
FUGT
FUGTIG
ORKAN
DAMP

50 - Imbarcazioni

Z	I	J	Q	F	H	J	S	A	O	H	H	D	I	D	P
K	A	J	A	K	L	K	O	X	F	K	H	V	K	Y	N
R	E	W	I	J	T	O	Y	K	V	B	X	I	C	R	A
A	W	Y	E	C	C	I	D	Å	B	L	J	E	S	M	U
Z	W	M	N	L	M	A	D	N	A	M	Ø	S	M	O	T
I	Q	L	F	O	K	Q	H	E	M	O	G	M	Z	T	I
G	P	X	M	R	E	B	V	G	V	K	F	J	X	O	S
U	X	C	Q	I	X	K	A	N	O	A	I	Y	N	R	K
X	B	D	Q	C	K	T	H	C	A	Y	N	C	N	E	V
S	S	J	F	Æ	R	G	E	K	U	Z	A	D	M	K	D
L	R	T	E	E	G	E	S	C	T	O	E	N	Y	N	Z
A	P	R	N	T	S	F	G	R	D	T	C	U	K	A	A
M	A	N	D	S	K	A	B	L	Q	K	O	I	V	J	K
M	L	L	C	A	B	O	I	L	Ø	B	Ø	J	E	C	W
L	I	M	X	M	S	C	D	C	S	B	M	J	C	N	X
T	Ø	M	M	E	R	F	L	Å	D	E	W	S	L	K	E

MAST
ANKER
SEJLBÅD
BØJE
KANO
REB
MANDSKAB
FLOD
KAJAK
SØ
HAV
TIDEVAND
SØMAND
MOTOR
NAUTISK
OCEAN
BØLGER
FÆRGE
YACHT
TØMMERFLÅDE

51 - Chimica

A	Y	Q	C	G	H	L	I	E	Q	Ø	O	A	L	S	T
I	L	X	P	D	G	F	N	L	E	K	S	Æ	V	Y	E
L	B	K	F	G	D	S	L	E	M	O	A	C	U	R	M
X	C	D	A	B	N	X	F	K	R	L	M	V	W	E	P
G	I	E	L	L	A	I	F	T	A	O	H	S	H	F	E
B	K	N	P	S	I	U	J	R	V	G	Y	N	R	G	R
B	R	U	E	A	Y	S	C	O	L	I	C	N	M	M	A
M	K	I	P	L	R	A	K	N	E	S	V	E	G	K	T
S	C	Q	N	T	T	G	K	U	N	K	E	U	Q	V	U
X	L	F	O	T	S	L	U	K	Z	V	A	C	Y	U	R
M	F	Z	N	L	G	N	Q	C	Y	Æ	E	C	E	S	O
Q	I	S	M	I	U	U	V	H	M	G	F	J	R	F	R
O	K	R	O	T	A	S	Y	L	A	T	A	K	I	D	L
M	K	O	A	T	O	M	A	R	E	D	V	F	M	O	A
M	O	L	E	K	Y	L	E	B	V	N	B	X	Y	F	N
B	A	K	A	A	M	N	E	R	L	M	J	Q	H	U	Z

SYRE
ALKALISK
ATOMAR
VARME
KULSTOF
KATALYSATOR
KLOR
ELEKTRON
ENZYM
GAS

BRINT
ION
VÆSKE
MOLEKYLE
ØKOLOGISK
ILT
VÆGT
SALT
TEMPERATUR

52 - Api

K	G	G	C	Ø	I	V	K	Z	G	C	Q	V	O	K	S
O	T	Y	B	T	K	E	S	N	I	T	P	F	V	T	P
N	X	C	B	G	T	O	Y	O	D	Y	W	X	N	D	D
T	N	A	S	R	E	T	S	M	O	L	B	V	X	I	R
X	D	E	R	V	R	Ø	G	Y	R	Q	Q	Z	A	T	O
N	S	Q	E	H	Æ	V	J	D	S	V	F	O	T	E	N
E	Q	R	T	G	U	R	F	Z	X	T	J	P	V	S	N
O	M	R	N	P	M	W	M	H	Y	L	E	Y	I	O	I
D	I	U	A	O	B	I	C	T	G	E	Y	M	N	F	N
E	R	G	L	L	S	O	L	U	Q	B	L	L	G	U	G
D	K	V	P	L	M	A	D	F	H	N	L	K	E	I	F
D	E	J	X	E	H	A	B	I	T	A	T	O	R	X	N
Y	V	C	G	N	I	N	N	O	H	Z	R	S	M	O	E
M	A	N	G	F	O	L	D	I	G	H	E	D	Y	S	R
D	H	D	W	H	I	V	E	G	A	V	N	L	I	G	T
D	X	A	D	K	Y	E	X	P	J	P	S	P	P	T	I

VINGER
HIVE
GAVNLIG
VOKS
MAD
MANGFOLDIGHED
ØKOSYSTEM
BLOMSTER
BLOMST
FRUGT
RØG
HAVE
HABITAT
INSEKT
HONNING
PLANTER
POLLEN
DRONNING
SVÆRM
SOL

53 - Conservazione

Q	N	Ø	M	E	T	S	Y	S	O	K	Ø	K	A	F	U
Z	K	K	I	F	R	E	G	N	I	R	D	N	Æ	I	F
P	D	O	L	B	S	A	I	L	M	I	N	E	O	X	Z
T	S	L	J	I	M	O	T	K	B	L	A	U	G	L	P
U	I	O	Ø	B	R	H	G	F	F	G	V	N	I	E	B
D	S	G	M	E	E	L	Y	U	T	I	M	N	L	B	G
D	U	I	Æ	J	D	P	D	N	J	L	I	G	R	Ø	N
A	N	S	S	X	U	Y	E	A	R	L	Z	H	U	R	I
N	D	K	S	D	C	V	R	S	W	I	Z	H	T	U	N
N	H	B	I	E	E	S	Æ	U	T	V	X	D	A	A	E
E	E	J	G	O	R	W	B	L	A	I	T	B	N	M	R
L	D	P	R	X	E	Z	T	K	T	R	C	N	M	Z	U
S	B	U	H	T	E	S	I	Y	I	F	I	I	X	K	R
E	G	U	R	B	N	E	G	C	B	B	M	V	D	W	O
B	E	K	Y	M	R	I	N	G	A	M	I	L	K	G	F
T	U	U	E	N	A	N	X	O	H	N	V	F	A	F	F

VAND
MILJØMÆSSIG
ÆNDRINGER
CYKLUS
KLIMA
ØKOSYSTEM
UDDANNELSE
HABITAT
FORURENING
NATURLIG
ØKOLOGISK
PESTICID
BEKYMRING
GENBRUGE
REDUCERE
SUNDHED
BÆREDYGTIG
GRØN
FRIVILLIG

54 - Strumenti Musicali

Q	C	U	W	J	D	S	T	L	U	O	T	M	T	C	Q
G	Q	V	E	S	B	J	J	T	G	I	W	A	R	C	N
H	U	W	N	O	N	W	I	E	O	G	U	N	O	B	O
A	N	I	R	U	B	M	A	T	N	E	Y	D	M	Z	I
R	X	D	T	Z	R	V	Q	J	G	S	L	O	P	M	S
M	K	I	T	A	N	W	O	Ø	F	A	O	L	E	O	S
O	L	L	E	C	R	M	M	L	T	X	Y	I	T	T	U
N	A	B	M	I	R	A	M	F	U	O	F	N	O	O	K
I	V	V	A	U	J	L	B	N	M	F	A	A	T	W	R
K	E	P	J	S	L	C	S	Y	R	O	X	X	G	V	E
A	R	F	N	T	U	A	U	C	N	N	I	D	T	O	P
W	X	K	O	R	V	N	I	L	O	I	V	M	N	J	T
E	A	L	O	O	K	L	A	R	I	N	E	T	U	N	N
X	U	C	A	M	T	K	O	M	N	C	Z	F	V	A	U
U	Q	N	M	M	C	O	Q	T	T	C	Z	H	W	B	V
L	R	E	I	E	P	R	A	H	N	C	H	C	S	C	M

HARMONIKA
HARPE
BANJO
GUITAR
KLARINET
FAGOT
FLØJTE
GONG
MANDOLIN
MARIMBA

OBO
PERKUSSION
KLAVER
SAXOFON
TAMBURIN
TROMME
TROMPET
BASUN
VIOLIN
CELLO

55 - Professioni #2

T	S	I	L	A	N	R	U	O	J	F	U	J	Y	U	F
O	A	M	W	D	X	I	R	Q	O	N	R	A	Q	M	E
L	I	N	T	F	F	Z	E	X	M	G	O	L	O	O	Z
I	L	A	D	P	J	X	M	G	F	R	T	J	G	I	H
P	L	S	E	L	G	E	M	N	O	Ø	A	Z	A	W	I
S	U	T	G	H	Æ	W	G	O	J	I	G	J	H	W	L
X	S	R	D	W	D	G	R	E	D	N	I	F	P	O	Æ
M	T	O	S	T	C	O	E	R	L	E	T	O	S	O	R
D	R	N	G	F	X	L	K	Y	I	G	S	S	H	T	E
M	A	A	A	Z	J	O	S	X	N	N	E	O	L	Q	R
A	T	U	R	C	J	I	R	J	G	I	V	L	Æ	G	E
L	O	T	T	Q	E	B	O	X	V	X	N	I	B	R	X
E	R	W	N	Z	V	L	F	J	I	R	I	F	J	U	W
R	Y	L	E	J	S	G	G	K	S	Y	L	V	Q	R	L
O	W	F	R	N	R	A	K	E	T	O	I	L	B	I	B
F	O	T	O	G	R	A	F	Z	M	M	U	G	P	K	E

ASTRONAUT
BIBLIOTEKAR
BIOLOG
KIRURG
TANDLÆGE
FILOSOF
FOTOGRAF
GARTNER
JOURNALIST
ILLUSTRATOR
INGENIØR
LÆRER
OPFINDER
INVESTIGATOR
LINGVIST
LÆGE
PILOT
MALER
FORSKER
ZOOLOG

56 - Letteratura

P	O	E	T	I	S	K	L	I	D	C	V	S	H	I	T
S	A	M	M	E	N	L	I	G	N	I	N	G	T	U	K
B	E	S	K	R	I	V	E	L	S	E	K	Z	G	I	P
L	M	B	Q	K	F	P	S	U	W	D	O	R	I	M	L
I	T	Z	N	L	A	S	U	M	X	L	N	O	D	E	J
A	Y	F	Q	M	R	H	C	W	P	W	K	F	X	P	P
Q	R	O	S	Q	G	N	I	N	E	M	L	A	M	E	T
Y	W	R	K	K	O	I	F	L	T	T	U	T	F	S	D
V	I	F	L	E	I	L	B	Y	O	C	S	E	V	Y	X
E	M	A	O	I	B	N	G	U	D	N	I	M	E	L	Y
I	E	T	U	D	G	R	A	Y	K	J	O	J	U	A	E
Y	H	T	F	E	O	O	K	Z	E	P	N	O	P	N	T
P	J	E	P	G	L	M	L	A	N	T	V	K	P	A	L
T	F	R	B	A	A	A	C	A	A	G	E	N	R	E	U
G	Y	W	N	R	I	N	J	I	N	M	Z	Z	Q	L	R
B	C	I	N	T	D	G	L	T	J	A	A	H	H	T	I

ANALYSE
ANALOGI
ANEKDOTE
FORFATTER
BIOGRAFI
KONKLUSION
SAMMENLIGNING
BESKRIVELSE
DIALOG
GENRE
METAFOR
MENING
DIGT
POETISK
RIM
RYTME
ROMAN
STIL
TEMA
TRAGEDIE

57 - Cibo #2

S	L	F	K	V	G	D	J	J	V	M	M	L	W	G	B
E	B	F	I	R	Y	R	J	J	G	U	Q	N	Q	U	R
L	R	P	A	S	C	U	R	Z	Æ	M	I	Q	G	S	O
L	Ø	C	N	T	K	E	D	H	G	G	J	C	N	K	C
E	D	T	S	U	O	Y	O	G	H	U	R	T	I	V	C
R	F	E	Z	U	P	M	A	V	S	G	Æ	B	L	E	O
I	O	W	U	E	N	N	A	N	A	B	K	A	L	N	L
O	C	Y	N	R	M	E	A	T	V	O	I	R	Y	I	I
I	E	D	E	V	H	C	Z	N	P	W	R	V	K	G	J
U	K	K	I	W	I	U	T	F	O	U	S	P	L	R	S
D	N	C	H	O	K	O	L	A	D	E	E	V	I	E	P
R	I	S	Q	P	U	E	F	N	U	U	B	Q	S	B	L
R	K	V	T	B	X	A	R	W	F	H	Æ	O	F	U	C
B	S	B	K	S	I	L	L	H	W	F	R	S	T	A	C
Z	V	I	J	L	N	Z	X	C	H	V	F	T	J	L	O
D	T	E	D	Y	M	T	T	S	D	U	B	I	C	T	B

BANAN
BROCCOLI
KIRSEBÆR
CHOKOLADE
OST
SVAMP
HVEDE
KIWI
ÆBLE
AUBERGINE
BRØD
FISK
KYLLING
TOMAT
SKINKE
RIS
SELLERI
ÆG
DRUE
YOGHURT

58 - Nutrizione

T	E	T	I	L	A	V	K	M	Q	I	V	P	W	Q	J
A	C	Z	T	N	V	I	Æ	V	I	T	A	M	I	N	X
G	G	E	A	J	Æ	Y	Z	G	G	N	I	R	Æ	G	G
R	S	J	X	L	S	T	S	X	T	I	T	E	P	P	A
E	C	U	A	S	K	D	B	B	V	S	U	N	Z	N	A
I	J	I	G	F	E	U	H	I	O	K	E	I	C	Æ	F
R	O	F	V	G	R	M	I	F	T	O	M	E	N	R	B
O	N	J	P	H	S	R	R	N	Y	T	V	T	I	I	A
L	J	M	Z	S	V	V	M	W	L	C	E	O	C	N	L
A	T	E	S	L	E	J	Ø	D	R	O	F	R	J	G	A
K	U	L	H	Y	D	R	A	T	E	R	V	P	K	S	N
Y	T	J	E	Y	N	G	C	C	M	H	Y	T	O	S	C
L	E	F	W	I	U	G	B	S	K	D	D	R	S	T	E
L	F	E	T	X	S	F	B	I	T	L	F	N	T	O	R
P	J	K	R	Y	D	D	E	R	I	E	R	P	U	F	E
S	P	I	S	E	L	I	G	O	V	W	O	Q	H	S	T

BITTER
APPETIT
AFBALANCERET
KALORIER
KULHYDRATER
SPISELIG
KOST
FORDØJELSE
GÆRING
VÆSKER
NÆRINGSSTOF
VÆGT
PROTEINER
KVALITET
SAUCE
SUNDHED
SUND
KRYDDERIER
TOKSIN
VITAMIN

59 - Matematica

P	R	T	Q	Q	U	L	M	K	L	V	G	B	R	Ø	K
A	V	E	R	Æ	F	S	R	Z	R	L	S	A	O	K	F
R	K	I	K	N	O	A	P	V	B	Y	G	T	D	T	I
A	B	H	N	T	G	E	O	M	E	T	R	I	B	N	R
L	E	D	O	K	A	R	L	U	R	N	M	K	Y	R	K
L	F	I	I	L	L	N	X	S	K	C	L	R	F	A	A
E	E	A	S	J	Y	E	G	N	I	N	G	I	L	D	N
L	K	M	I	S	V	M	R	E	K	S	J	R	I	I	T
O	S	E	V	D	U	X	Z	T	L	K	J	T	T	U	Z
G	P	T	I	L	E	L	L	A	R	A	P	E	R	S	C
R	O	E	D	T	G	C	I	G	M	B	U	M	E	M	Q
A	N	R	G	B	P	F	I	S	O	B	Z	M	K	G	Y
M	E	Z	D	K	V	X	Q	M	P	F	G	Y	A	I	O
S	N	O	M	K	R	E	D	S	A	Q	Q	S	N	U	V
C	T	P	O	L	Y	G	O	N	P	L	E	G	T	V	U
A	R	I	T	M	E	T	I	K	X	N	L	Q	G	D	E

VINKLER
ARITMETIK
OMKREDS
DECIMAL
DIAMETER
DIVISION
LIGNING
EKSPONENT
BRØK
GEOMETRI
PARALLEL
PARALLELOGRAM
POLYGON
FIRKANT
RADIUS
REKTANGEL
SFÆRE
SYMMETRI
SUM
TREKANT

60 - Meditazione

D	P	J	V	U	L	O	B	H	D	L	N	B	A	Y	N
R	E	K	N	A	T	P	E	C	C	A	E	U	F	C	O
L	R	E	S	L	E	L	Ø	F	O	V	N	D	Q	O	I
O	S	R	E	Z	V	I	K	J	B	W	W	Q	H	K	T
P	P	O	Z	J	C	E	K	K	Y	L	W	C	A	D	A
M	E	L	S	G	N	I	N	K	Æ	R	T	R	J	E	V
Æ	K	I	V	Y	H	H	Y	L	P	C	M	U	G	H	R
R	T	G	E	K	I	S	U	M	I	P	G	T	V	L	E
K	I	E	C	A	L	G	U	S	R	G	U	A	W	I	S
S	V	N	B	I	A	A	P	V	Y	Q	H	N	A	T	B
O	L	D	V	Y	T	N	R	S	T	M	O	E	I	S	O
M	U	U	G	M	N	U	L	H	I	H	P	X	D	B	V
H	B	Y	E	J	E	S	O	V	E	N	H	U	E	N	A
E	H	I	G	G	M	G	S	Y	C	D	D	P	R	X	N
D	M	E	D	F	Ø	L	E	L	S	E	V	O	F	B	E
B	E	V	Æ	G	E	L	S	E	B	O	L	N	J	F	R

VANER
ACCEPT
OPMÆRKSOMHED
ROLIG
KLARHED
MEDFØLELSE
FØLELSER
LYKKE
VENLIGHED
MENTAL
SIND
BEVÆGELSE
MUSIK
NATUR
OBSERVATION
FRED
TANKER
PERSPEKTIV
VEJRTRÆKNING
STILHED

61 - Antiquariato

I	U	S	Æ	D	V	A	N	L	I	G	C	C	E	K	Å
Q	N	F	Z	J	R	V	M	N	J	Y	O	A	V	V	R
V	O	V	W	I	C	Y	F	M	O	J	P	N	L	A	T
Æ	H	L	E	M	M	A	G	Y	W	N	T	J	L	L	I
R	Y	H	K	S	I	T	N	E	T	U	A	R	P	I	E
D	L	N	X	I	T	R	U	T	P	L	U	K	S	T	R
I	C	W	F	R	I	E	M	D	A	I	K	C	E	E	S
Z	K	A	B	P	W	T	R	M	R	T	V	U	C	T	F
T	I	L	S	T	A	N	D	I	Ø	S	T	W	N	N	P
N	W	L	I	T	E	Ø	J	P	N	B	B	D	X	S	Z
A	N	P	I	F	A	M	X	F	C	G	L	F	G	R	T
G	K	B	A	U	K	T	I	O	N	W	Y	E	A	C	K
E	D	E	K	O	R	A	T	I	V	A	C	Q	R	Q	L
L	R	E	S	T	A	U	R	E	R	I	N	G	L	D	V
E	G	Å	R	H	U	N	D	R	E	D	E	Y	D	Q	X
R	V	T	M	B	P	F	G	A	L	L	E	R	I	E	J

KUNST
AUKTION
AUTENTISK
TILSTAND
ÅRTIER
DEKORATIV
ELEGANT
GALLERI
USÆDVANLIG
INVESTERING
MØBLER
MØNTER
PRIS
KVALITET
RESTAURERING
SKULPTUR
ÅRHUNDREDE
STIL
VÆRDI
GAMMEL

62 - Escursionismo

N	E	T	S	R	C	T	Y	F	T	M	E	J	Q	V	F
K	A	Q	X	C	A	N	O	M	M	Y	V	U	N	Y	H
U	W	T	G	F	M	I	M	P	F	A	R	E	R	V	K
R	V	I	U	F	P	L	I	K	M	C	S	A	E	T	F
E	A	N	U	R	I	K	Z	T	C	Ø	R	V	U	A	B
N	N	I	P	B	N	Z	T	G	A	F	D	B	O	J	Z
D	D	Y	J	H	G	H	U	R	Y	A	O	E	R	M	F
K	K	O	R	T	V	V	H	E	Æ	J	X	X	I	T	V
I	T	G	P	A	U	U	R	J	U	T	G	M	E	U	D
G	S	G	A	M	I	L	K	B	V	I	L	D	N	N	B
J	D	K	R	E	L	V	Ø	T	S	H	O	L	T	G	H
M	Y	G	K	L	V	A	O	K	M	Z	S	D	E	V	V
E	S	L	E	D	E	R	E	B	R	O	F	Y	R	C	I
J	H	S	R	Y	T	U	Z	B	A	A	R	R	I	J	C
X	K	L	D	H	W	B	G	E	J	H	Z	G	N	M	J
D	D	F	E	K	N	B	K	Y	X	F	J	T	G	U	L

VAND
DYR
CAMPING
KLIMA
KORT
BJERG
NATUR
ORIENTERING
PARKER
FARER
TUNG
STEN
FORBEREDELSE
KLINT
VILD
SOL
TRÆT
STØVLER
TOPMØDE
MYG

63 - Professioni #1

A	K	S	Y	G	E	P	L	E	J	E	R	S	K	E	G
M	A	C	F	O	P	Z	G	M	E	G	C	A	W	E	U
B	R	O	U	L	S	W	J	O	V	V	D	P	E	P	L
A	T	U	M	O	Y	R	E	N	Æ	R	T	Y	Y	Q	D
S	O	Z	U	E	K	E	R	O	X	L	X	R	S	K	S
S	G	X	R	G	O	G	O	R	G	C	S	N	I	T	M
A	R	K	M	D	L	A	P	T	A	K	O	V	D	A	E
D	A	T	U	N	O	L	V	S	E	G	Æ	L	R	Y	D
Ø	F	H	P	R	G	S	F	A	R	M	A	C	E	U	T
R	K	G	Z	Ø	U	N	D	S	M	J	Æ	G	E	R	S
K	U	N	S	T	N	E	R	A	Ø	U	I	H	C	L	I
U	V	N	P	K	M	K	C	Z	N	M	S	Y	J	R	N
T	K	L	Z	A	B	K	E	O	S	S	A	I	G	L	A
J	B	H	H	D	G	I	I	H	B	Q	E	N	K	L	I
L	Q	W	Z	E	F	L	Z	O	J	W	M	R	D	E	P
N	M	T	Z	R	K	B	B	A	N	K	M	A	N	D	R

TRÆNER
AMBASSADØR
KUNSTNER
ASTRONOM
ADVOKAT
DANSER
BANKMAND
JÆGER
KARTOGRAF
REDAKTØR
FARMACEUT
GEOLOG
GULDSMED
BLIKKENSLAGER
SYGEPLEJERSKE
SØMAND
MUSIKER
PIANIST
PSYKOLOG
DYRLÆGE

64 - Antartide

E	B	E	V	A	R	E	L	S	E	L	U	H	U	S	L
U	K	K	O	N	T	I	N	E	N	T	D	Q	T	U	U
W	D	S	S	Y	O	M	K	W	W	Q	F	P	F	N	N
L	F	F	P	U	V	Ø	V	L	A	H	O	R	I	O	E
Z	B	H	Y	E	H	J	R	E	L	A	R	E	N	I	M
N	M	Y	F	T	D	L	E	K	S	I	S	L	A	T	F
V	Q	B	U	P	X	I	Ø	P	N	U	K	A	O	A	O
J	B	K	U	T	V	M	T	Z	A	A	N	V	O	R	R
G	W	S	Y	G	M	A	E	I	J	P	I	H	G	G	S
W	E	C	N	Q	T	X	N	O	O	R	N	N	R	I	K
J	I	O	Y	H	M	U	E	Y	V	N	G	Q	U	M	E
V	S	R	G	C	I	X	T	F	K	S	K	Y	E	R	R
P	S	S	V	R	X	X	S	T	W	H	P	I	G	X	X
Q	F	O	O	E	A	T	E	M	P	E	R	A	T	U	R
E	S	R	V	J	B	F	T	O	P	O	G	R	A	F	I
N	C	V	A	N	D	D	I	Q	V	X	N	U	Y	D	E

VAND
MILJØ
BUGT
HVALER
BEVARELSE
KONTINENT
UDFORSKNING
GEOGRAFI
IS
ØER
MIGRATION
MINERALER
SKYER
HALVØ
FORSKER
STENET
EKSPEDITION
TEMPERATUR
TOPOGRAFI

65 - Libri

H	E	O	R	V	N	O	R	T	D	V	Y	M	T	L	I
O	H	H	H	D	M	E	I	R	O	T	S	I	H	I	A
G	P	C	M	T	W	J	B	A	H	Y	K	F	M	T	T
U	C	F	T	T	U	E	E	G	B	Q	A	K	H	T	X
C	D	N	I	S	E	O	P	I	F	J	T	A	O	E	A
C	Z	L	R	N	H	J	M	S	F	R	S	S	E	R	M
D	X	G	N	A	D	B	M	K	S	I	P	E	K	Æ	N
H	U	C	E	M	L	S	I	R	V	I	R	C	N	R	D
C	P	A	U	O	A	I	O	T	S	K	E	T	N	O	K
L	H	N	L	R	O	D	G	M	P	S	L	D	Q	L	W
Æ	L	K	S	I	R	O	T	S	I	H	E	D	I	S	Z
S	E	K	U	Z	T	G	D	W	T	E	V	I	R	K	S
E	O	W	M	K	D	E	R	E	T	T	A	F	R	O	F
R	I	P	T	K	M	X	T	R	Y	T	N	E	V	E	D
F	O	R	T	Æ	L	L	E	R	Y	C	T	Q	M	S	S
D	W	S	A	M	L	I	N	G	V	B	B	J	H	R	D

FORFATTER
EVENTYR
SAMLING
KONTEKST
DUALITET
EPISK
OPFINDSOM
LITTERÆR
LÆSER
FORTÆLLER
SIDE
POESI
RELEVANT
ROMAN
SKRIVET
SERIE
HISTORIE
HISTORISK
TRAGISK

66 - Geografia

H	B	K	O	W	L	D	S	L	P	B	Y	V	O	F	C
L	A	X	K	B	V	S	A	L	T	A	Y	D	A	D	K
T	V	J	L	G	K	B	U	R	C	W	M	H	A	D	B
S	I	H	N	V	B	O	E	L	G	U	K	V	L	A	H
I	V	B	L	Z	C	D	U	I	H	E	D	G	N	Æ	L
V	A	L	U	Z	R	Q	C	C	H	W	D	P	M	N	D
V	A	H	X	S	E	A	F	B	K	L	N	D	N	P	K
E	D	J	Ø	H	G	S	K	O	N	T	I	N	E	N	T
R	R	Z	O	T	I	G	M	R	Y	U	P	A	W	R	X
D	O	L	F	X	O	L	E	E	T	B	J	L	Ø	G	B
E	N	Y	U	I	N	U	G	C	Q	I	K	T	Y	U	B
N	T	E	R	R	I	T	O	R	I	U	M	O	L	M	J
O	N	Z	D	V	T	B	Q	R	S	E	X	B	R	V	E
W	R	Y	S	J	B	Z	C	O	Y	Z	J	I	N	T	R
S	Y	D	P	O	W	D	N	S	T	M	M	B	Z	S	G
M	E	R	I	D	I	A	N	V	E	S	T	A	D	N	C

HØJDE
ATLAS
BY
KONTINENT
HALVKUGLE
FLOD
BREDDEGRAD
LÆNGDE
KORT
HAV
MERIDIAN
VERDEN
BJERG
NORD
VEST
LAND
REGION
SYD
TERRITORIUM

67 - Cibo #1

C	C	M	D	Z	E	U	G	U	L	E	R	O	D	U	H
L	M	N	P	U	T	U	N	O	R	T	I	C	D	U	V
Y	F	C	A	M	U	K	I	L	I	S	A	B	K	D	I
C	B	Q	R	J	Y	P	K	U	Q	N	O	T	A	Q	D
A	K	H	C	R	A	N	I	J	L	Ø	G	N	G	Y	L
S	P	Æ	R	E	S	D	T	A	L	A	S	H	E	Z	Ø
P	V	A	Æ	K	A	F	J	E	O	R	J	A	M	D	G
I	G	S	B	K	L	B	Y	G	E	Z	P	F	P	Y	Y
N	L	I	D	U	T	A	Q	M	S	M	R	O	R	M	S
A	F	I	R	S	P	I	G	I	R	H	S	M	H	K	K
T	N	W	O	V	A	X	W	J	H	V	G	E	H	A	F
K	P	Z	J	C	Q	F	B	J	M	I	G	Z	Y	N	R
Ø	L	Q	U	Q	R	X	T	N	C	P	B	Z	D	E	M
D	G	Æ	G	H	A	W	I	I	N	B	J	Y	H	L	X
D	U	Y	M	A	P	B	R	V	O	W	E	Y	A	M	K
Z	I	Q	G	G	Z	D	M	C	C	V	M	Y	R	O	V

HVIDLØG
BASILIKUM
KANEL
KØD
GULEROD
LØG
JORDBÆR
SALAT
MÆLK
CITRON
MYNTE
BYG
PÆRE
MAJROE
SALT
SPINAT
SAFT
TUN
KAGE
SUKKER

68 - Aeroplani

H	A	F	S	T	A	M	N	I	N	G	U	H	T	P	O
D	I	W	A	T	M	O	S	F	Æ	R	E	I	J	A	T
E	P	M	L	A	N	D	I	N	G	H	L	S	G	S	N
S	O	N	M	W	V	H	I	X	V	C	B	T	X	S	O
I	L	A	U	E	R	E	G	I	V	A	N	O	J	A	I
G	A	S	N	E	L	U	B	R	U	T	F	R	B	G	T
N	N	I	R	G	F	D	Q	H	P	M	Y	I	M	E	K
B	D	R	A	E	K	T	R	O	X	J	Z	E	O	R	U
R	Y	T	N	E	V	E	U	R	G	N	I	N	T	E	R
Æ	Y	W	N	I	T	P	I	L	O	T	W	C	O	D	T
N	M	A	N	D	S	K	A	B	B	B	D	B	R	J	S
D	T	H	W	P	O	H	M	W	U	A	S	N	J	Ø	N
S	B	R	I	N	T	C	Y	R	Z	B	L	M	M	H	O
T	J	Z	R	N	W	F	F	L	I	U	G	L	N	K	K
O	I	W	U	Z	J	K	U	O	J	M	F	O	O	I	E
F	T	T	O	D	B	I	M	L	W	N	Y	J	B	N	I

HØJDE
LUFT
ATMOSFÆRE
LANDING
EVENTYR
BRÆNDSTOF
HIMMEL
KONSTRUKTION
DESIGN
RETNING

AFSTAMNING
MANDSKAB
BRINT
MOTOR
NAVIGERE
BALLON
PASSAGER
PILOT
HISTORIE
TURBULENS

69 - Governo

V	U	A	F	H	Æ	N	G	I	G	H	E	D	B	D	D
A	A	U	D	C	F	R	L	I	V	I	C	N	F	D	E
U	R	C	E	L	A	T	N	E	M	U	N	O	M	E	M
R	P	Y	H	P	D	N	F	C	D	Q	V	I	X	G	O
T	B	C	G	L	Y	E	N	Q	R	E	E	S	D	X	K
N	A	T	I	O	N	A	L	U	K	Q	R	S	E	K	R
I	K	A	D	B	O	Q	L	V	I	O	H	U	H	Z	A
M	S	T	R	M	I	K	B	S	V	V	M	K	G	F	T
R	R	S	Æ	Y	T	R	T	K	I	R	T	S	I	D	I
E	E	L	F	S	A	X	V	G	K	I	T	I	L	O	P
T	G	V	T	F	N	N	L	G	V	Q	A	D	L	K	N
L	R	L	E	C	R	Z	C	G	R	Z	K	O	G	O	G
I	O	R	R	G	N	I	N	T	A	F	R	O	F	U	V
G	B	E	I	L	V	J	H	I	F	G	V	E	O	B	Z
S	A	O	W	X	H	Q	Z	E	G	G	L	Q	U	Y	B
N	X	R	O	Z	N	V	H	O	D	W	V	X	H	Z	H

LEDER
BORGERSKAB
CIVIL
FORFATNING
DEMOKRATI
TALE
DISKUSSION
RETLIG
RETFÆRDIGHED
UAFHÆNGIGHED
LOV
FRIHED
MONUMENT
NATIONAL
NATION
POLITIK
DISTRIKT
SYMBOL
STAT
LIGHED

70 - Colori

I	N	D	I	G	O	Q	E	Z	F	O	B	L	R	U	D
R	Ø	A	S	E	C	G	D	P	E	S	P	Z	X	Ø	K
K	R	Z	Z	W	W	B	P	W	S	R	P	S	V	N	D
C	G	I	Z	I	R	S	K	C	W	D	Q	H	C	L	B
B	B	Q	A	V	X	L	Y	B	L	I	V	R	R	I	X
B	E	V	K	T	L	V	H	P	W	Y	Z	R	T	H	R
S	E	P	I	A	J	P	Q	O	R	S	E	A	B	H	F
P	C	H	P	L	N	L	U	X	L	E	G	M	R	K	S
F	K	H	G	L	B	V	K	C	Y	A	N	B	U	J	N
F	V	B	H	I	I	S	N	S	R	I	A	L	N	I	V
J	H	O	N	L	J	V	W	O	N	S	R	Å	A	T	U
Q	A	T	N	E	G	A	M	R	E	H	O	R	N	V	O
X	Z	M	A	P	G	X	Y	T	G	C	H	G	Q	Z	B
P	U	L	X	D	I	I	C	H	G	U	V	E	T	T	N
K	R	Y	B	U	E	N	E	J	U	F	I	Y	K	F	F
C	R	I	M	S	O	N	K	B	L	J	D	Z	P	P	N

ORANGE
AZUR
BEIGE
HVID
BLÅ
CYAN
CRIMSON
FUCHSIA
GUL
GRÅ
INDIGO
MAGENTA
BRUN
SORT
PINK
RØD
SEPIA
GRØN
LILLA

71 - Bellezza

Z	S	Y	T	N	A	G	E	L	E	X	Q	Q	R	W	S
B	H	A	M	W	Q	R	O	B	H	S	O	O	O	U	J
P	E	C	R	A	A	Z	A	S	U	B	F	L	C	I	I
S	H	A	M	P	O	O	W	C	D	J	U	I	G	B	U
N	Å	D	E	U	F	S	K	U	S	K	X	E	P	M	T
D	E	I	V	E	O	C	R	G	L	A	T	R	X	Y	P
C	C	L	R	K	T	F	Ø	K	O	S	M	E	T	I	K
R	X	G	A	A	O	K	L	J	E	P	S	W	F	A	E
X	U	V	F	M	G	Y	L	Z	A	Q	I	T	U	S	L
C	W	E	Q	S	E	M	E	N	Z	V	Q	H	D	T	E
O	H	R	G	A	N	J	R	R	Y	X	O	T	V	Y	G
Z	U	A	N	K	L	Æ	B	E	S	T	I	F	T	L	A
D	U	A	R	S	P	R	O	D	U	K	T	E	R	I	N
W	S	T	C	M	F	V	E	T	U	X	T	P	Z	S	C
C	B	M	W	Z	E	M	S	L	V	N	N	Z	V	T	E
Z	J	E	M	F	J	T	C	G	G	K	B	Q	S	E	M

FARVE
KOSMETIK
ELEGANT
ELEGANCE
CHARME
SAKS
FOTOGEN
DUFT
NÅDE
GLAT
MASCARA
OLIER
HUD
PRODUKTER
KRØLLER
LÆBESTIFT
SHAMPOO
SPEJL
STYLIST
MAKEUP

72 - Avventura

E	N	T	U	S	I	A	S	M	E	X	F	B	Q	D	H
S	U	U	Y	F	U	H	U	S	D	K	S	J	W	D	Z
F	K	R	F	W	A	X	J	E	Æ	R	J	J	Y	C	E
A	T	Ø	R	D	E	H	G	I	L	E	K	S	N	A	V
R	A	N	N	E	P	C	U	T	G	U	L	F	D	U	E
L	P	A	O	H	D	E	S	T	I	N	A	T	I	O	N
I	P	T	I	R	E	G	N	I	R	D	R	O	F	D	U
G	E	U	T	E	E	D	R	H	Q	D	H	G	E	G	M
T	R	R	A	K	T	W	T	E	N	M	O	R	J	E	U
M	H	F	G	K	L	K	V	U	J	M	N	T	I	N	L
F	E	A	I	I	H	M	C	E	N	S	H	H	L	R	I
Z	D	V	V	S	U	F	U	L	N	C	E	N	N	R	G
D	O	O	A	R	E	J	S	E	R	N	I	P	Z	V	H
S	V	B	N	L	V	G	M	X	U	T	E	L	L	B	E
F	O	R	B	E	R	E	D	E	L	S	E	R	Y	A	D
A	U	U	S	Æ	D	V	A	N	L	I	G	C	Y	M	N

VENNER
SKØNHED
TAPPERHED
DESTINATION
VANSKELIGHED
ENTUSIASME
UDFLUGT
GLÆDE
USÆDVANLIG
REJSEPLAN
NATUR
NAVIGATION
NY
MULIGHED
FARLIG
FORBEREDELSE
UDFORDRINGER
SIKKERHED
REJSER

73 - Forme

T	M	R	O	P	J	T	E	M	T	P	Q	G	D	E	K
R	N	V	H	X	M	Q	H	K	J	Y	Y	C	L	L	P
E	B	P	G	K	Q	A	L	O	B	R	E	P	Y	H	G
K	Z	S	R	S	K	L	E	G	N	A	T	K	E	R	A
A	W	A	B	L	H	A	H	S	Y	M	Y	I	S	L	L
N	D	A	O	E	C	O	Q	G	N	I	N	R	E	T	I
T	K	T	R	K	A	N	T	E	R	D	X	F	O	C	N
D	N	F	Y	R	T	Y	N	L	N	E	O	Q	Y	Y	J
M	E	M	S	I	R	P	A	G	Q	R	H	N	E	L	E
Y	U	S	K	C	Y	H	K	E	S	U	Ø	U	S	I	Q
L	B	I	P	Y	S	D	R	K	Z	S	I	J	R	N	Z
W	L	D	X	I	O	J	I	O	V	A	L	A	H	D	G
L	U	E	E	T	L	C	F	Q	D	K	M	K	L	E	G
K	U	R	V	E	A	L	W	J	U	J	V	R	B	R	A
P	O	L	Y	G	O	N	E	S	F	Æ	R	E	U	E	G
X	O	U	K	R	C	V	Q	P	T	H	V	V	E	W	P

HJØRNE
BUE
KANTER
CIRKEL
CYLINDER
KEGLE
TERNING
KURVE
ELLIPSE
HYPERBOLA
SIDE
LINJE
OVAL
PYRAMIDE
POLYGON
PRISME
FIRKANT
REKTANGEL
SFÆRE
TREKANT

74 - Oceano

H	M	E	R	E	V	W	I	U	M	K	M	W	V	B	O
D	E	L	F	I	N	U	T	T	P	R	E	U	L	L	G
T	J	Å	T	Y	G	D	B	D	N	A	V	E	D	I	T
F	E	U	X	S	S	A	H	R	W	B	S	G	Y	C	L
J	R	K	P	I	A	L	O	I	D	B	Z	V	D	W	U
I	O	X	F	B	B	Q	B	P	D	E	A	G	A	O	R
V	V	P	T	Å	Z	J	G	S	W	Q	N	U	Z	M	U
B	O	O	D	D	N	A	M	D	N	A	V	T	Y	N	P
Ø	S	O	X	J	S	H	N	J	Z	S	P	E	A	Q	G
L	S	S	Ø	B	L	Æ	K	S	P	R	U	T	T	E	H
G	F	Y	A	S	G	A	T	G	S	U	E	G	K	B	X
E	I	Q	U	L	T	R	V	K	T	V	J	K	M	H	O
R	O	E	H	A	T	E	W	B	O	J	P	O	Q	D	C
F	I	S	K	V	M	V	R	J	R	J	Y	R	C	I	Z
B	P	H	J	H	X	U	L	S	M	D	O	A	X	X	C
S	K	I	L	D	P	A	D	D	E	Y	V	L	I	K	B

ÅL
HVAL
BÅD
KORAL
DELFIN
REJE
KRABBE
TIDEVAND
VANDMAND
BØLGER

ØSTERS
FISK
BLÆKSPRUTTE
SALT
REV
SVAMP
HAJ
SKILDPADDE
STORM
TUN

75 - Famiglia

M	S	G	J	D	B	I	B	N	R	S	J	O	V	P	O
B	A	R	N	D	O	M	S	R	O	M	Ø	B	N	O	D
T	G	Y	R	Y	O	Z	O	E	O	W	S	S	U	Z	R
V	K	Z	A	S	U	R	J	T	F	R	Z	R	T	O	V
W	W	B	B	X	W	W	S	T	U	O	Z	R	U	E	Y
M	Ø	D	R	E	S	R	J	Æ	L	M	F	A	R	N	R
F	U	U	B	S	F	D	C	F	S	E	T	T	N	O	E
E	A	U	E	B	M	I	S	B	B	T	V	L	X	K	D
U	M	D	Q	W	A	N	E	V	Ø	S	I	F	E	I	A
D	J	M	E	I	N	R	Ø	B	T	D	L	T	Y	Q	F
U	M	X	T	R	D	V	B	J	G	E	L	S	H	U	R
V	P	T	N	U	L	E	K	N	O	B	I	Q	T	I	O
Y	Y	Y	A	H	Q	I	B	W	N	N	N	O	X	Y	F
E	D	A	T	T	E	R	G	T	B	G	G	O	P	M	Y
B	E	D	S	T	E	F	A	R	D	W	E	V	G	J	R
V	R	Q	A	J	Y	V	A	M	C	W	R	G	Q	L	Q

FORFADER
BØRN
BARN
FÆTTER
DATTER
BROR
TVILLINGER
BARNDOM
MOR
MAND
MØDRES
KONE
NEVØ
BEDSTEMOR
BEDSTEFAR
FAR
FADERLIG
SØSTER
TANTE
ONKEL

76 - Creatività

B	I	I	N	S	P	I	R	A	T	I	O	N	S	O	W
E	H	N	S	E	N	S	A	T	I	O	N	W	P	P	T
E	C	X	T	K	L	A	R	H	E	D	W	Z	O	F	I
S	G	H	L	U	F	A	N	T	A	S	I	S	N	I	N
M	V	X	O	Q	I	I	D	E	E	R	U	B	T	N	T
K	I	N	O	T	E	T	I	L	A	T	I	V	A	D	E
U	U	E	D	E	L	L	I	B	L	U	R	A	N	S	N
D	D	N	H	W	V	O	G	O	Y	O	C	T	G	O	S
T	R	B	S	R	R	F	W	X	N	Q	B	U	S	M	I
R	A	Y	J	T	E	T	I	D	I	U	L	F	D	F	T
Y	M	C	L	X	N	D	E	H	G	I	D	R	Æ	F	E
K	A	P	K	T	O	E	I	N	D	T	R	Y	K	C	T
H	T	G	U	Y	I	H	R	E	S	L	E	L	Ø	F	H
Z	I	G	B	K	S	T	Y	I	U	K	T	H	K	H	E
B	S	C	H	T	I	G	X	E	S	F	M	W	G	Z	T
S	K	D	B	I	V	Æ	X	Z	M	K	L	O	D	Z	D

FÆRDIGHED
KUNSTNERISK
ÆGTHED
KLARHED
DRAMATISK
FØLELSER
UDTRYK
FLUIDITET
IDEER
FANTASI
BILLEDE
INDTRYK
INTENSITET
INTUITION
OPFINDSOM
INSPIRATION
SENSATION
SPONTAN
VISIONER
VITALITET

77 - Veicoli

U	S	T	M	R	A	K	E	T	T	S	S	T	D	U	T
C	Z	N	B	O	Z	B	G	S	Z	R	Y	O	D	U	U
C	E	M	I	T	N	S	R	H	O	E	A	G	M	C	T
S	M	A	V	O	I	X	Æ	U	J	T	U	K	A	N	V
F	L	Y	W	M	V	N	F	T	F	O	H	A	T	G	D
T	A	X	A	B	R	S	I	T	F	O	M	M	Q	O	R
I	S	C	W	S	U	B	Z	L	W	C	Y	B	E	V	R
S	A	J	B	N	H	Y	I	E	U	S	E	U	K	G	D
C	Y	K	E	L	L	U	T	L	X	J	L	L	Y	N	Q
P	O	H	E	L	I	K	O	P	T	E	R	A	I	I	H
C	N	S	A	I	S	L	O	X	A	P	O	N	L	P	P
Q	U	V	V	B	L	U	Q	S	U	M	L	C	K	M	B
D	S	P	T	T	T	D	H	G	S	R	P	E	U	A	H
Æ	C	I	H	S	E	H	M	A	H	S	Y	X	B	C	O
K	J	Z	C	A	B	Å	D	Å	B	U	Z	H	T	Q	W
X	E	D	Å	L	F	R	E	M	M	Ø	T	K	R	U	Z

FLY
AMBULANCE
BIL
BUS
BÅD
CYKEL
LASTBIL
CAMPINGVOGN
HELIKOPTER
MOTOR
SHUTTLE
DÆK
RAKET
SCOOTER
UBÅD
TAXA
FÆRGE
TRAKTOR
TOG
TØMMERFLÅDE

78 - Emozioni

V	Y	V	I	L	G	A	S	P	I	A	W	C	L	A	O
E	S	D	A	Y	U	F	I	P	T	B	T	J	X	G	Q
N	D	E	H	M	O	S	D	E	K	V	E	X	L	N	B
L	A	H	I	A	O	L	Z	O	V	R	K	E	V	N	M
I	V	G	Q	F	C	A	V	W	J	E	L	C	O	H	K
G	F	I	Z	D	V	P	R	Z	I	D	G	L	Æ	D	E
H	N	L	X	Z	W	P	M	R	H	E	C	Q	K	Z	C
E	X	O	O	D	D	E	H	G	I	L	A	S	K	Y	L
D	O	R	O	V	G	T	G	Y	R	F	F	J	H	M	W
T	I	L	F	R	E	D	S	Ø	J	L	R	L	K	U	J
L	W	R	Y	R	G	I	L	E	M	M	E	N	K	A	T
S	O	I	E	T	Y	H	N	V	L	H	D	I	O	Z	T
B	B	E	S	L	E	K	S	A	R	R	E	V	O	A	X
W	P	S	U	J	I	I	Z	S	O	R	G	D	R	O	E
X	E	S	U	D	R	E	K	Æ	R	L	I	G	H	E	D
I	N	D	H	O	L	D	F	S	Y	M	P	A	T	I	H

KÆRLIGHED
LYKSALIGHED
ROLIG
INDHOLD
VENLIGHED
GLÆDE
TAKNEMMELIG
FLOV
KEDSOMHED
FRED
FRYGT
VREDE
AFSLAPPET
RELIEF
SYMPATI
TILFREDS
OVERRASKELSE
ØMHED
RO
SORG

79 - Balletto

B	A	L	L	E	R	I	N	A	K	D	G	X	T	F	L
Q	H	J	L	G	D	W	Q	E	O	A	J	K	A	X	M
V	Q	Q	H	W	K	C	X	Z	R	N	W	X	Z	R	I
B	H	H	W	A	N	J	L	E	E	S	U	T	S	E	G
I	P	U	B	L	I	K	U	M	O	E	W	S	I	T	I
F	H	G	S	L	X	R	I	W	G	R	D	I	S	S	N
A	I	N	J	I	P	D	N	T	R	E	D	N	K	E	T
L	N	K	S	J	U	R	G	H	A	R	C	O	A	K	E
D	E	H	G	I	D	R	Æ	F	F	B	J	P	R	R	N
L	P	C	T	E	G	H	Z	K	I	S	U	M	P	O	S
U	D	T	R	Y	K	S	F	U	L	D	E	O	P	T	I
F	V	K	U	N	S	T	N	E	R	I	S	K	Y	E	T
E	O	E	V	Ø	R	P	L	A	R	E	N	E	G	K	E
D	Z	H	J	F	R	N	I	I	R	B	C	V	C	N	T
N	V	G	U	L	R	Y	T	M	E	T	C	G	W	I	X
Y	P	U	R	E	L	K	S	U	M	Y	T	F	Q	K	Z

FÆRDIGHED
BIFALD
KUNSTNERISK
BALLERINA
DANSERE
KOMPONIST
KOREOGRAFI
UDTRYKSFULDE
GESTUS
YNDEFULD
INTENSITET
MUSKLER
MUSIK
ORKESTER
PRAKSIS
GENERALPRØVE
PUBLIKUM
RYTME
STIL
TEKNIK

80 - Paesi #1

F	V	K	J	M	J	P	A	K	A	I	L	A	M	Q	V
J	E	H	Z	X	X	Q	A	U	U	R	P	Z	A	F	E
H	U	H	D	W	Q	X	G	N	E	A	V	J	N	K	N
B	R	A	S	I	L	I	E	N	A	K	I	L	T	V	E
M	D	W	J	H	E	X	M	D	A	M	Z	W	E	O	Z
M	N	U	L	L	A	G	E	N	E	S	A	X	I	L	U
A	A	B	D	W	R	P	O	L	E	N	B	M	V	C	E
O	L	R	O	T	S	E	F	B	N	N	O	R	G	E	L
D	N	D	O	R	I	Y	E	R	E	E	J	C	L	Y	A
K	I	Y	K	K	P	W	O	U	Y	I	I	A	D	D	E
T	F	E	D	F	K	V	A	M	B	D	D	N	I	Z	X
A	C	W	G	B	B	O	Y	Æ	I	N	D	A	A	R	S
C	A	M	B	O	D	J	A	N	L	I	Z	D	S	P	Z
E	G	Y	P	T	E	N	C	I	Y	W	X	A	R	B	S
B	D	J	E	D	W	A	T	E	T	N	D	Q	B	C	Y
F	F	T	R	G	L	V	D	N	A	L	K	S	Y	T	C

BRASILIEN
CAMBODJA
CANADA
EGYPTEN
FINLAND
TYSKLAND
INDIEN
IRAK
ISRAEL
LIBYEN
MALI
MAROKKO
NORGE
PANAMA
POLEN
RUMÆNIEN
SENEGAL
SPANIEN
VENEZUELA
VIETNAM

81 - Geometria

P	F	T	M	X	Y	N	A	I	D	E	M	S	Q	A	C
A	K	E	R	U	C	H	N	S	Y	X	K	A	S	X	B
R	B	R	C	E	O	U	D	O	E	V	R	U	K	C	S
A	M	D	H	D	K	O	E	F	Q	G	T	E	O	R	I
L	Z	O	F	J	L	A	L	U	A	N	M	S	H	W	I
L	M	L	U	Ø	A	T	N	W	N	I	H	E	A	Y	K
E	N	T	M	H	G	E	Q	T	U	N	D	X	N	H	I
L	O	F	W	F	S	D	R	Q	M	G	M	Q	V	T	K
A	I	R	K	L	O	G	I	K	M	I	Q	S	G	R	J
J	S	Y	M	M	E	T	R	I	E	L	O	O	D	R	G
L	N	P	D	O	J	K	T	E	R	D	N	A	V	I	Z
L	E	K	N	I	V	D	R	D	I	A	M	E	T	E	R
R	M	Q	W	D	J	M	F	I	E	B	F	X	U	K	B
E	I	H	L	H	K	I	O	N	C	X	H	V	I	X	I
N	D	S	B	E	R	E	G	N	I	N	G	V	K	I	D
O	V	E	R	F	L	A	D	E	A	V	Q	K	B	I	I

HØJDE
VINKEL
BEREGNING
CIRKEL
KURVE
DIAMETER
DIMENSION
LIGNING
LOGIK
MEDIAN

NUMMER
VANDRET
PARALLEL
ANDEL
SEGMENT
SYMMETRI
OVERFLADE
TEORI
TREKANT
LODRET

82 - Edifici

K	R	K	P	L	X	P	D	I	N	D	Z	K	P	A	D
G	A	G	N	A	B	I	F	I	Q	K	A	B	I	N	E
H	R	U	A	B	E	P	E	L	X	I	Z	U	H	X	H
T	A	R	L	O	U	M	D	W	W	R	H	D	O	S	G
T	Å	R	N	R	E	T	A	E	T	B	Y	X	T	K	I
B	D	K	C	A	T	Y	L	Q	Q	A	S	S	E	F	L
Q	T	P	M	T	U	O	B	E	A	F	C	L	L	R	J
Q	G	F	O	O	F	G	V	F	T	B	N	Z	O	L	E
B	D	E	K	R	A	M	R	E	P	U	S	Q	W	T	L
S	I	S	Y	I	F	F	H	O	S	T	E	L	Y	W	W
K	V	O	M	U	I	R	O	T	A	V	R	E	S	B	O
O	R	X	G	M	M	U	S	E	U	M	O	B	W	B	V
L	O	X	S	R	S	T	A	D	I	O	N	S	R	I	C
E	Z	M	B	B	A	A	M	B	A	S	S	A	D	E	L
P	C	E	L	C	V	F	P	O	W	I	T	V	M	H	O
Z	J	A	H	O	S	P	I	T	A	L	Q	G	H	G	Z

AMBASSADE
LEJLIGHED
KABINE
SLOT
BIOGRAF
FABRIK
LADE
HOTEL
LABORATORIUM
MUSEUM
HOSPITAL
OBSERVATORIUM
HOSTEL
SKOLE
STADION
SUPERMARKED
TEATER
TELT
TÅRN

83 - Malattia

S	W	T	P	L	H	Y	V	C	U	Y	B	N	P	B	B
M	D	E	H	D	N	U	S	X	H	P	H	Z	U	X	E
I	N	I	L	H	K	J	I	P	A	R	E	T	L	P	T
T	S	B	J	L	W	K	F	M	K	I	R	S	M	C	Æ
S	Z	A	P	H	N	L	A	B	M	U	L	S	O	W	N
O	L	T	L	B	Q	E	O	Z	O	U	A	U	N	I	D
M	U	F	Q	L	M	R	S	K	R	B	N	K	A	L	E
P	Q	I	H	C	E	O	E	S	D	F	I	I	L	C	L
E	A	K	U	T	P	R	C	K	N	G	M	T	T	I	S
H	M	G	D	G	N	U	G	S	Y	F	O	A	K	E	E
L	U	F	T	V	E	J	E	I	S	L	D	P	R	H	T
Q	F	E	R	B	O	B	G	T	E	Q	B	O	O	J	V
M	A	S	R	D	G	I	L	E	V	R	A	R	N	E	N
P	H	M	H	J	A	H	X	N	N	R	G	U	I	R	A
K	S	C	J	Y	V	J	M	E	C	X	K	E	S	T	M
S	X	S	Y	R	S	L	E	G	E	M	E	N	K	E	K

AKUT
ABDOMINAL
ALLERGIER
WELLNESS
SMITSOM
LEGEME
KRONISK
HJERTE
SVAG
ARVELIG
GENETISK
IMMUNITET
BETÆNDELSE
LUMBAL
NEUROPATI
PULMONAL
LUFTVEJE
SUNDHED
SYNDROM
TERAPI

84 - Paesi #2

N	L	H	E	L	Q	G	U	D	E	H	E	Z	U	J	A
N	E	I	R	Y	S	O	R	S	U	D	A	N	K	A	L
V	Q	P	B	Z	A	T	X	Æ	F	M	B	J	R	M	B
S	P	K	A	E	F	W	I	S	K	M	V	I	A	A	A
W	K	A	G	L	R	J	W	Y	V	E	A	Z	I	I	N
I	R	L	A	N	D	I	J	C	T	X	N	A	N	C	I
E	L	N	V	E	M	F	A	J	S	O	A	L	E	A	E
T	I	U	L	I	Q	H	A	I	T	I	P	Q	A	D	N
I	S	M	Y	S	N	B	E	K	Y	O	A	I	X	N	D
O	M	M	I	E	K	G	C	O	W	M	J	E	E	A	D
P	F	E	P	N	N	I	G	E	R	I	A	U	N	G	W
I	S	X	G	O	D	A	N	M	A	R	K	X	M	U	G
E	H	I	Y	D	P	A	K	I	S	T	A	N	G	D	N
N	B	C	C	N	D	V	M	T	Q	U	Y	Q	V	D	P
X	A	O	L	I	R	U	S	L	A	N	D	L	B	N	B
H	F	P	E	H	G	Q	X	H	A	R	J	D	K	F	H

ALBANIEN
DANMARK
ETIOPIEN
JAMAICA
JAPAN
GRÆKENLAND
HAITI
INDONESIEN
IRLAND
LAOS
LIBERIA
MEXICO
NEPAL
NIGERIA
PAKISTAN
RUSLAND
SYRIEN
SUDAN
UKRAINE
UGANDA

85 - Tipi di Capelli

X	J	C	B	I	S	V	P	R	A	H	S	E	H	R	H
W	J	V	L	K	R	Ø	L	L	E	T	A	L	G	U	V
Z	N	P	O	K	O	R	T	Q	B	X	F	R	I	F	Q
D	O	G	N	H	G	G	Y	N	L	T	R	E	P	Q	X
B	W	A	D	T	V	L	Ø	S	Ø	Ø	A	G	R	Å	K
H	L	G	H	Y	Y	I	K	X	D	R	X	N	N	Y	B
H	N	N	U	R	B	N	D	N	M	Z	K	I	O	S	H
S	K	A	L	D	E	T	D	O	V	U	T	N	F	F	I
S	N	L	C	Z	H	W	P	P	X	K	N	T	L	Z	B
O	Y	L	X	K	F	F	O	N	W	R	K	E	E	K	W
Y	Z	R	D	M	X	A	J	S	X	Ø	B	L	T	D	D
L	R	N	B	V	K	R	D	Z	W	L	G	F	T	W	J
X	X	T	I	E	P	V	C	V	H	L	S	P	E	C	T
D	S	Y	Y	A	W	E	B	G	U	E	U	K	T	P	I
C	F	E	K	K	E	T	R	O	S	R	N	Q	S	I	W
R	Z	J	B	R	O	H	C	L	D	A	D	V	N	P	Y

SØLV
TØR
HVID
BLOND
KORT
SKALDET
FARVET
GRÅ
FLETTET
GLAT

LANG
BRUN
BLØD
SORT
KRØLLET
KRØLLER
SUND
TYND
TYK
FLETNINGER

86 - Vestiti

H	T	T	U	G	J	X	B	R	B	O	Y	S	B	W	F
N	A	B	Æ	L	T	E	D	O	M	L	A	F	B	F	R
Z	H	L	W	A	R	M	B	Å	N	D	U	Y	D	O	A
W	D	B	S	K	E	M	J	E	A	N	S	S	A	R	K
P	Y	Y	V	K	E	L	Q	R	R	I	S	I	E	K	K
K	J	O	L	E	Æ	E	J	R	I	Z	K	R	D	L	E
D	F	T	E	A	X	D	E	K	R	R	O	U	K	Æ	T
F	I	N	H	S	B	R	E	L	A	D	N	A	S	D	Ø
T	Q	W	N	H	K	E	Q	F	H	D	C	S	A	E	R
B	F	S	W	I	R	D	I	T	A	H	L	U	M	O	K
U	I	B	U	K	S	E	R	E	K	S	D	N	A	H	L
G	Y	W	U	E	X	N	K	H	Y	D	D	I	J	I	Æ
A	M	G	G	B	U	X	O	K	E	D	F	W	Y	Z	D
S	K	J	O	R	T	E	N	H	A	L	F	M	P	E	E
L	B	Z	D	O	H	O	A	B	E	J	O	A	R	A	M
T	U	S	W	E	A	T	E	R	F	T	Z	W	X	A	Z

KJOLE
ARMBÅND
BLUSE
SKJORTE
HAT
FRAKKE
BÆLTE
HALSKÆDE
JAKKE
NEDERDEL
FORKLÆDE
HANDSKER
JEANS
SWEATER
MODE
BUKSER
PYJAMAS
SANDALER
SKO
TØRKLÆDE

87 - Attività e Tempo Libero

O	L	K	D	L	O	B	D	O	F	G	O	B	O	S	Y
Q	L	O	H	X	E	R	G	N	I	N	M	Ø	V	S	U
V	A	N	D	R	I	N	G	P	S	I	V	E	H	J	X
M	B	K	D	T	I	R	X	Q	K	P	D	H	G	N	K
K	E	U	T	Y	E	T	L	S	E	P	S	K	N	A	A
L	S	N	J	Q	K	N	R	W	R	O	M	E	I	T	V
L	A	S	D	C	M	N	N	S	I	H	Y	Y	N	T	C
A	B	T	G	H	A	B	I	I	U	S	F	F	S	X	U
B	E	K	H	Y	L	J	N	N	S	R	U	F	K	Q	C
Y	M	I	E	U	E	Y	G	P	G	Y	F	L	O	G	C
E	D	J	E	B	R	A	E	V	A	H	U	I	B	J	A
L	C	D	C	W	I	C	A	M	P	I	N	G	N	Y	B
L	B	A	S	K	E	T	B	A	L	L	I	X	Z	G	R
O	A	F	S	L	A	P	P	E	N	D	E	S	J	E	R
V	V	E	H	Y	W	V	F	Y	P	F	F	W	S	J	X
H	F	T	N	U	N	T	T	E	Y	W	F	J	D	T	R

KUNST
BASEBALL
BASKETBALL
BOKSNING
FODBOLD
CAMPING
VANDRING
HAVEARBEJDE
GOLF
DYKNING
SVØMNING
VOLLEYBALL
FISKERI
MALERI
AFSLAPPENDE
SHOPPING
SURFING
TENNIS
REJSE

88 - Arte

S	U	H	S	C	Q	M	F	T	Q	R	L	O	L	P	O
K	O	U	K	K	Y	R	T	D	U	J	H	J	P	O	S
I	H	M	E	P	U	A	Z	F	U	L	P	R	N	E	A
L	S	Ø	L	V	V	L	A	N	I	G	I	R	O	S	M
D	P	R	P	X	I	O	P	Æ	R	L	I	G	I	I	M
R	E	N	M	E	S	B	B	T	S	I	M	P	E	L	E
E	R	L	O	Y	U	M	E	B	U	E	K	I	X	F	N
I	S	J	K	O	E	Y	L	Q	A	R	U	G	I	F	S
Z	O	H	S	H	L	S	U	R	Y	O	Q	V	H	M	Æ
W	N	I	N	S	P	I	R	E	R	E	T	V	J	P	T
C	L	O	L	W	T	Q	H	I	U	H	M	P	H	G	N
U	I	Q	A	W	G	G	R	R	T	F	G	P	X	X	I
Q	G	E	M	S	I	L	A	E	R	R	U	S	A	V	N
K	E	R	A	M	I	S	K	L	Q	T	W	V	M	Q	G
Z	I	B	U	I	H	S	K	A	B	E	J	T	V	H	N
P	T	M	R	P	S	U	C	M	C	L	N	M	T	E	A

KERAMISK
KOMPLEKS
SAMMENSÆTNING
SKABE
MALERIER
UDTRYK
FIGUR
INSPIRERET
ÆRLIG
ORIGINAL
PERSONLIG
POESI
SKILDRE
SKULPTUR
SIMPEL
SYMBOL
EMNE
SURREALISME
HUMØR
VISUEL

89 - Meteo

D	G	T	C	T	E	M	P	E	R	A	T	U	R	E	S
N	S	N	Å	S	Y	B	E	O	W	A	U	F	M	O	T
S	P	V	G	G	J	B	U	G	B	W	D	O	P	I	O
G	N	X	P	I	E	U	B	N	G	E	R	F	S	Y	R
L	B	D	D	N	A	K	R	O	D	A	N	R	O	T	M
J	R	L	V	Y	M	S	R	X	M	Q	B	A	B	E	E
Y	I	Y	T	L	I	I	B	Ø	S	S	R	L	Z	Q	G
A	S	T	P	E	L	P	T	P	T	K	L	O	I	H	H
J	E	E	J	M	K	O	J	L	Q	Y	A	P	A	F	S
N	T	T	X	M	K	R	T	Ø	R	I	Q	F	D	O	B
S	O	I	F	I	Z	T	E	D	R	N	S	X	C	V	G
E	R	Z	A	H	D	T	E	E	L	D	X	G	D	P	I
A	D	N	I	V	E	V	O	T	N	Y	Q	S	F	O	D
I	E	R	Æ	F	S	O	M	T	A	R	L	H	O	M	E
B	N	B	T	I	I	M	O	N	S	U	N	G	H	P	S
A	K	M	E	R	Q	S	N	G	V	G	T	I	U	F	M

REGNBUE
TØR
ATMOSFÆRE
BRISE
HIMMEL
KLIMA
LYN
IS
MONSUN
TÅGE
SKY
POLAR
TØRKE
TEMPERATUR
STORM
TORNADO
TROPISK
TORDEN
ORKAN
VIND

90 - Corpo Umano

G	K	A	B	A	A	N	S	I	G	T	H	R	P	H	E
J	A	N	L	L	R	E	D	L	U	K	S	A	L	U	O
U	U	N	O	W	H	B	E	O	B	I	G	C	L	D	C
Y	O	J	D	S	M	D	B	C	Ø	J	E	S	A	S	I
F	C	O	G	U	H	L	I	T	Z	C	G	H	L	K	Z
G	D	V	W	N	J	G	S	H	M	B	A	O	B	U	O
L	S	H	V	J	E	S	Æ	N	F	Y	H	V	U	Z	G
V	L	E	T	E	R	A	N	T	G	I	T	E	E	S	K
R	W	E	X	P	N	N	K	V	G	M	N	D	T	I	M
B	T	Y	Q	H	E	K	Ø	A	U	E	I	G	R	W	N
T	H	M	L	U	V	E	R	O	P	K	U	M	E	W	R
Z	Å	C	E	U	A	L	E	D	U	C	M	U	J	R	G
J	N	M	B	J	M	K	Y	P	L	E	P	E	H	W	S
B	D	N	U	B	F	K	S	X	P	D	X	P	C	V	F
B	B	H	A	N	W	Y	E	Z	G	L	Q	O	Z	A	R
F	W	U	R	N	D	F	X	I	Z	J	B	R	H	Q	Y

MUND
ANKEL
HJERNE
HALS
HJERTE
FINGER
ANSIGT
BEN
KNÆ
ALBUE
HÅND
HAGE
NÆSE
ØJE
ØRE
HUD
BLOD
SKULDER
MAVE
HOVED

91 - Mammiferi

F	G	K	O	T	F	S	C	P	I	U	K	G	R	L	K
V	S	V	N	N	H	Q	X	I	I	R	L	X	A	I	F
I	T	B	L	J	C	K	W	C	J	U	A	V	Z	M	T
J	V	F	S	P	W	C	V	T	T	G	V	Æ	E	E	Y
N	C	U	O	J	S	Q	F	E	S	N	H	R	B	G	R
L	V	A	G	O	J	H	G	A	V	Æ	L	M	R	H	Å
K	B	P	P	M	U	V	J	L	X	K	Ø	K	A	D	F
Q	J	G	X	Z	S	D	K	O	L	H	V	O	M	D	G
D	Z	C	D	U	T	Q	Z	Q	R	V	E	B	A	G	T
G	N	R	G	C	I	R	S	J	N	T	S	E	H	O	I
M	I	P	W	X	O	Y	H	I	D	N	U	H	L	R	W
P	N	R	G	U	Q	U	X	Z	T	A	K	I	K	I	Z
F	A	W	A	Y	E	O	D	N	I	F	L	E	D	L	V
C	K	Z	E	F	Z	K	Q	G	I	E	R	Æ	B	L	E
Z	N	O	W	F	U	M	Q	X	J	L	L	H	H	A	C
H	R	L	R	D	M	H	V	L	U	E	I	R	Æ	R	P

HVAL
HUND
KÆNGURU
HEST
HJORT
KANIN
PRÆRIEULV
DELFIN
ELEFANT
KAT
GIRAF
GORILLA
LØVE
ULV
BÆRE
FÅR
ABE
TYR
RÆV
ZEBRA

92 - Cucina

I	S	P	S	X	G	K	S	S	K	E	E	R	C	O	M
X	P	Y	G	V	B	W	O	E	V	I	N	K	M	P	Z
E	I	C	G	E	A	P	N	P	R	Y	L	Å	K	S	U
W	S	G	Z	L	K	M	L	C	P	V	L	I	B	K	L
Y	E	Y	H	S	S	N	P	S	B	E	I	C	N	R	M
Q	P	J	K	R	E	S	Y	R	F	D	R	E	A	I	C
Q	I	X	Y	E	L	X	B	E	S	Æ	G	A	T	F	F
C	N	V	O	L	Ø	U	Y	I	F	L	K	F	W	T	E
J	D	A	M	F	K	L	M	R	F	K	A	L	K	A	Q
L	E	O	C	A	Z	Q	I	E	R	R	N	B	O	U	J
D	T	Y	N	G	H	T	L	D	E	O	D	S	B	D	W
K	R	U	K	K	E	T	C	D	V	F	E	S	M	R	H
N	K	E	D	E	L	E	X	Y	Z	V	I	G	L	I	R
Y	I	T	U	X	H	T	X	R	C	Y	H	A	Y	R	E
T	U	V	J	J	S	I	E	K	M	G	D	L	V	L	E
K	H	H	U	J	D	G	V	E	U	K	B	K	L	W	N

SPISEPINDE
KEDEL
KANDE
MAD
SKÅL
KNIVE
FRYSER
SKEER
GAFLER
OVN

KØLESKAB
FORKLÆDE
GRILL
SLEV
OPSKRIFT
KRYDDERIER
SVAMP
KOPPER
SERVIET
KRUKKE

93 - Giardinaggio

B	B	B	T	Z	B	P	Y	A	K	S	U	B	I	V	B
P	L	N	R	L	B	H	P	R	O	P	Q	U	J	N	A
M	Y	A	V	Ø	S	O	Z	T	M	I	Q	K	X	Y	D
F	N	C	D	R	O	J	M	S	P	S	T	E	T	O	F
N	B	H	J	F	T	C	B	M	O	E	P	T	W	R	F
S	B	L	C	F	M	L	T	O	S	L	Z	B	N	C	U
T	O	S	O	Q	E	X	C	L	T	I	P	I	J	A	E
P	T	S	G	M	T	S	P	B	N	G	Q	M	K	V	X
S	A	P	P	P	S	L	E	V	Ø	L	Q	D	R	S	Q
X	N	K	P	B	E	T	E	V	A	H	T	G	U	R	F
A	I	L	H	F	B	H	E	Z	D	N	F	W	C	C	A
Y	S	I	A	P	N	J	G	R	A	G	D	P	T	Q	D
F	K	M	C	S	O	D	N	B	E	H	O	L	D	E	R
U	F	A	T	C	S	E	A	S	L	R	J	T	Q	M	Q
G	P	Y	T	L	Æ	C	L	S	M	U	D	S	F	K	K
T	P	U	V	S	S	U	S	E	K	S	O	T	I	S	K

VAND
BOTANISK
KLIMA
SPISELIG
KOMPOST
BEHOLDER
EKSOTISK
BLOMST
BLOMSTER
BLAD

LØV
FRUGTHAVE
BUKET
FRØ
ART
SMUDS
SÆSONBESTEMT
JORD
SLANGE
FUGT

94 - Universo

J	K	H	F	D	U	U	M	H	J	Z	Z	N	E	S	I
P	R	O	A	H	I	W	S	A	O	H	E	M	R	Y	F
H	E	Z	Q	L	V	N	K	H	X	R	D	H	Æ	N	R
I	D	J	W	F	V	X	U	U	S	H	I	E	F	L	P
M	S	R	Z	A	R	K	Y	W	P	S	O	S	S	I	D
M	L	L	Y	D	E	O	U	M	T	I	R	K	O	G	W
E	Ø	O	J	N	V	G	O	G	U	X	E	A	M	N	H
L	B	D	L	I	H	J	Q	B	L	N	T	L	T	A	T
S	G	K	B	A	L	P	S	I	Z	E	S	A	A	S	Y
K	U	D	X	A	O	Z	K	B	G	Q	A	G	H	T	X
M	Å	N	E	K	S	K	E	S	K	L	O	S	F	R	L
Z	O	D	I	A	C	B	T	S	I	E	P	P	V	O	Æ
Y	L	W	A	S	T	R	O	N	O	M	H	I	J	N	N
T	E	L	E	S	K	O	P	L	K	M	S	Y	R	O	G
M	Ø	R	K	E	L	U	D	F	E	I	Q	O	Y	M	D
B	R	E	D	D	E	G	R	A	D	H	D	X	K	I	E

ASTEROIDE
ASTRONOMI
ASTRONOM
ATMOSFÆRE
MØRKE
HIMMELSK
HIMMEL
KOSMISK
HALVKUGLE
GALAKSE
BREDDEGRAD
LÆNGDE
MÅNE
KREDSLØB
HORISONT
SOL
SOLHVERV
TELESKOP
SYNLIG
ZODIAC

95 - Jazz

T	N	P	T	K	B	J	P	G	E	Z	H	M	I	Y	X
L	V	C	T	D	E	I	D	R	Z	C	V	U	M	D	K
N	B	R	A	X	R	O	F	R	B	W	Q	S	P	Z	Z
J	M	K	L	T	N	N	B	A	J	L	G	I	R	G	V
A	M	N	O	Z	E	G	V	O	L	I	N	K	O	A	X
E	Y	K	J	R	G	K	A	Q	N	D	I	N	V	M	E
K	V	Q	J	Y	N	E	N	P	N	E	N	H	I	M	U
S	S	H	Q	T	A	Q	P	I	N	K	T	M	S	E	Q
S	T	I	L	M	S	N	M	O	K	Z	Æ	X	A	L	K
A	G	O	I	E	B	F	A	O	R	A	S	P	T	H	O
S	Æ	A	L	B	U	M	A	I	F	K	N	V	I	R	N
S	V	F	A	V	O	R	I	T	E	R	E	V	O	B	C
K	O	M	P	O	N	I	S	T	Z	F	M	S	N	P	E
K	U	N	S	T	N	E	R	O	Q	I	M	N	T	B	R
T	A	L	E	N	T	Y	K	R	X	O	A	E	K	E	T
B	E	R	Ø	M	T	B	H	V	B	L	S	R	K	D	R

ALBUM
BIFALD
KUNSTNER
SANG
KOMPONIST
SAMMENSÆTNING
KONCERT
VÆGT
BERØMT
GENRE
IMPROVISATION
MUSIK
NY
ORKESTER
FAVORITER
RYTME
STIL
TALENT
TEKNIK
GAMMEL

96 - Vacanze #2

F	G	T	C	V	B	L	M	C	T	S	D	V	Y	I	G
F	R	G	C	A	B	I	B	I	M	E	G	L	P	Y	M
F	G	I	L	H	M	G	L	I	C	K	O	S	O	I	N
R	T	L	T	N	W	P	C	L	R	E	J	S	E	V	O
H	M	U	S	I	V	L	I	D	E	I	R	E	F	K	I
F	P	J	X	V	D	Q	E	N	A	D	L	O	G	O	T
O	U	Y	A	L	B	Z	I	A	G	A	E	F	T	R	A
L	A	B	I	C	S	H	Z	R	N	E	I	R	H	T	N
P	A	S	Y	V	B	M	J	T	I	O	E	C	K	R	I
H	O	T	E	L	A	I	T	S	D	U	A	N	F	O	T
T	A	J	K	I	I	X	E	D	N	Z	M	K	O	P	S
Z	N	J	T	G	L	C	L	Z	Æ	B	P	N	Z	S	E
V	Q	U	S	T	D	C	T	L	L	U	Ø	B	R	N	D
L	U	F	T	H	A	V	N	H	D	C	V	A	P	A	Z
L	O	W	B	A	T	N	A	R	U	A	T	S	E	R	M
X	P	Q	J	V	O	G	Q	U	T	A	X	A	L	T	O

LUFTHAVN
CAMPING
DESTINATION
BILLEDER
HOTEL
KORT
HAV
PAS
RESTAURANT
STRAND
UDLÆNDING
TAXA
FRITID
TELT
TRANSPORT
TOG
FERIE
REJSE
VISUM

97 - Attività

F	H	A	V	E	A	R	B	E	J	D	E	P	X	K	W
V	O	O	K	O	E	A	R	H	O	H	D	T	X	N	H
P	F	R	G	L	Z	H	F	D	Å	S	X	W	F	E	Y
U	R	G	N	I	N	Y	S	S	Y	N	C	F	M	U	H
S	N	I	I	Ø	V	Y	Z	N	L	E	D	D	F	M	S
L	L	Q	P	H	J	B	S	A	C	A	W	V	G	K	V
E	Y	P	M	V	W	E	F	D	D	E	P	G	Æ	M	N
S	V	I	A	E	O	F	L	H	E	P	O	N	D	R	B
P	O	F	C	Z	Z	C	M	S	N	B	O	I	I	G	K
I	V	I	X	F	M	E	E	F	E	B	K	N	T	N	Z
L	E	S	F	Æ	R	D	I	G	H	E	D	S	I	I	G
C	R	K	W	C	M	A	G	I	E	I	R	Æ	R	R	R
V	T	E	T	I	V	I	T	K	A	X	V	L	F	D	N
Z	E	R	F	O	T	O	G	R	A	F	E	R	I	N	G
O	P	I	C	Q	K	J	A	G	T	S	N	U	K	A	X
K	E	R	A	M	I	K	S	P	I	L	L	Q	U	V	K

FÆRDIGHED
KUNST
HÅNDVÆRK
AKTIVITET
JAGT
CAMPING
KERAMIK
SYNING
DANS
VANDRING
FOTOGRAFERING
HAVEARBEJDE
SPIL
LÆSNING
MAGI
FISKERI
FORNØJELSE
PUSLESPIL
AFSLAPNING
FRITID

98 - Diplomazia

S	P	O	L	I	T	I	K	Y	S	G	Q	K	T	K	A
S	I	H	U	M	A	N	I	T	Æ	R	O	S	Z	O	M
P	B	K	Z	S	C	K	P	V	C	E	J	I	I	N	B
R	O	C	K	D	J	K	O	G	M	D	Y	T	A	F	A
O	R	I	E	E	D	J	E	B	R	A	M	A	S	L	S
G	G	V	U	H	R	O	L	J	E	S	T	M	X	I	S
W	E	I	K	G	T	H	U	W	V	S	R	O	Z	K	A
T	R	C	V	I	K	Z	E	L	I	A	A	L	J	T	D
X	E	G	X	D	X	T	U	D	G	B	K	P	Z	R	Ø
Z	R	N	T	R	P	V	U	W	D	M	T	I	A	S	R
E	T	I	K	Æ	E	I	P	I	Å	A	A	D	C	T	S
V	Z	R	S	F	E	P	L	W	R	L	T	T	I	B	G
W	I	E	T	T	W	Y	V	L	Ø	S	N	I	N	G	O
R	Q	G	O	E	D	I	S	K	U	S	S	I	O	N	Z
W	W	E	Q	R	I	N	T	E	G	R	I	T	E	T	S
W	Z	R	F	Æ	L	L	E	S	S	K	A	B	F	H	H

AMBASSADE
AMBASSADØR
BORGERE
CIVIC
FÆLLESSKAB
KONFLIKT
RÅDGIVER
SAMARBEJDE
DIPLOMATISK
DISKUSSION
ETIK
RETFÆRDIGHED
REGERING
INTEGRITET
SPROG
POLITIK
SIKKERHED
LØSNING
TRAKTAT
HUMANITÆR

99 - Forniture Artistiche

B	L	Y	A	N	T	E	R	A	O	P	A	V	B	Y	O
T	B	H	F	U	Q	D	N	S	L	A	M	I	T	V	K
F	A	Ø	L	E	R	Q	N	T	I	P	V	S	T	Q	F
U	R	B	R	D	I	V	W	A	E	I	Y	K	E	S	O
O	E	Y	E	S	A	Q	X	F	V	R	W	E	T	K	L
O	M	I	X	L	T	B	V	F	P	U	Y	L	I	F	O
D	A	G	T	X	X	E	W	E	V	A	E	Æ	V	C	Q
A	K	R	Y	L	X	B	R	L	O	T	S	D	I	A	E
J	X	W	Q	R	G	T	M	I	L	I	R	E	T	Y	U
A	K	V	A	R	E	L	L	E	R	E	V	R	A	F	M
C	Æ	R	R	O	P	S	E	M	I	B	Q	W	E	A	O
X	L	U	K	Æ	R	T	O	U	J	X	R	X	R	H	R
H	B	P	A	S	T	E	L	L	E	R	Y	Z	K	V	N
G	M	L	A	T	B	Z	S	U	D	F	P	R	O	K	K
W	A	X	J	S	N	P	J	Z	P	R	O	A	Z	Q	G
N	X	X	I	D	E	E	R	X	A	X	X	N	U	M	W

VAND
AKVARELLER
AKRYL
LER
TRÆKUL
PAPIR
STAFFELI
LIM
FARVER
KREATIVITET

VISKELÆDER
IDEER
BLÆK
BLYANTER
OLIE
PASTELLER
STOL
BØRSTER
TABEL
KAMERA

100 - Misurazioni

X	Y	Y	B	O	G	I	M	F	L	C	W	E	R	T	I
V	E	J	N	B	L	P	U	E	A	R	Q	E	N	O	C
S	Æ	P	B	T	A	N	P	E	D	L	T	T	D	N	V
E	P	G	G	U	M	A	R	G	W	C	O	V	Q	X	V
K	S	S	T	N	I	P	D	H	C	B	M	C	L	Y	N
O	I	S	A	I	C	L	I	T	E	R	M	X	O	M	Z
Q	L	L	A	M	E	Z	H	E	S	T	E	C	N	U	O
V	V	H	O	A	D	N	C	D	S	O	H	M	A	P	V
J	A	U	V	G	I	B	W	D	A	X	Ø	Y	J	U	L
V	R	B	B	M	R	E	T	E	M	C	J	M	X	C	T
R	N	P	D	O	L	A	G	R	A	D	D	X	N	T	T
O	E	X	V	Y	O	D	M	B	O	U	E	Z	A	K	B
G	B	Y	T	E	B	C	E	N	T	I	M	E	T	E	R
G	S	P	F	B	F	D	K	I	L	O	M	E	T	E	R
R	K	J	H	Z	F	F	E	G	X	N	A	T	H	J	L
A	G	P	C	Z	I	L	Æ	N	G	D	E	S	R	P	Y

HØJDE
BYTE
CENTIMETER
KILOGRAM
KILOMETER
DECIMAL
GRAD
GRAM
BREDDE
LITER

LÆNGDE
MASSE
METER
MINUT
OUNCE
VÆGT
PINT
TOMME
DYBDE
TON

1 - Salute e Benessere #2

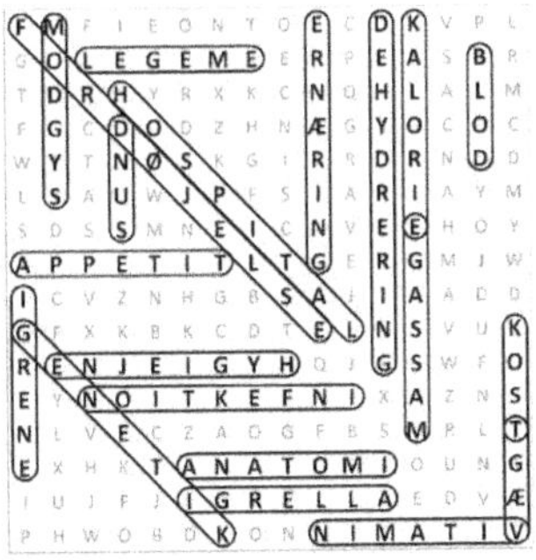

2 - Aggettivi #2

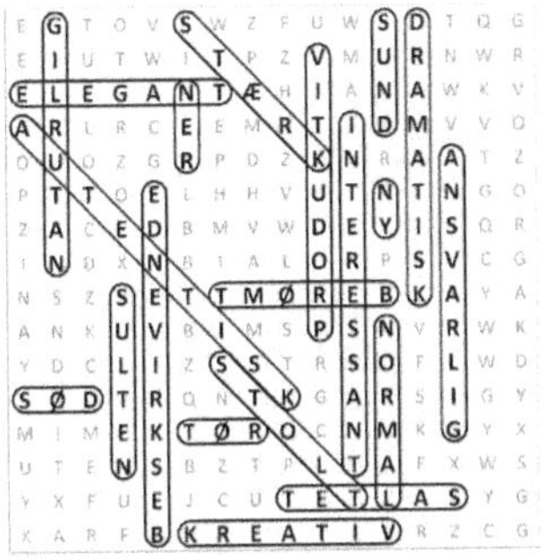

3 - Ingegneria

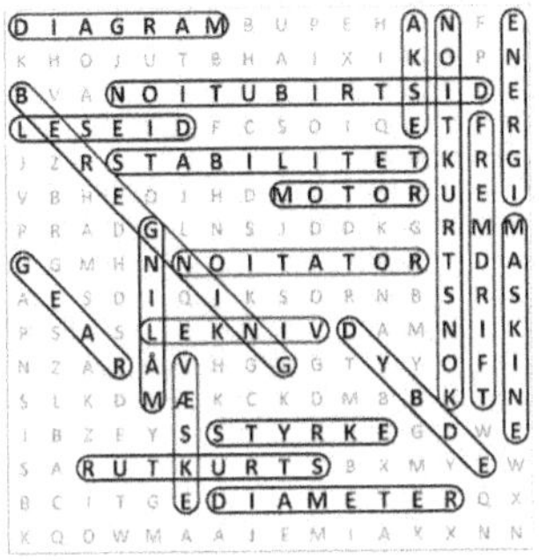

4 - Archeologia

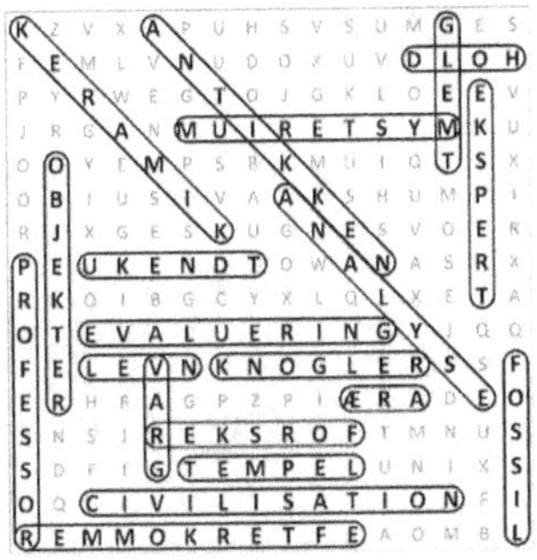

5 - Salute e Benessere #1

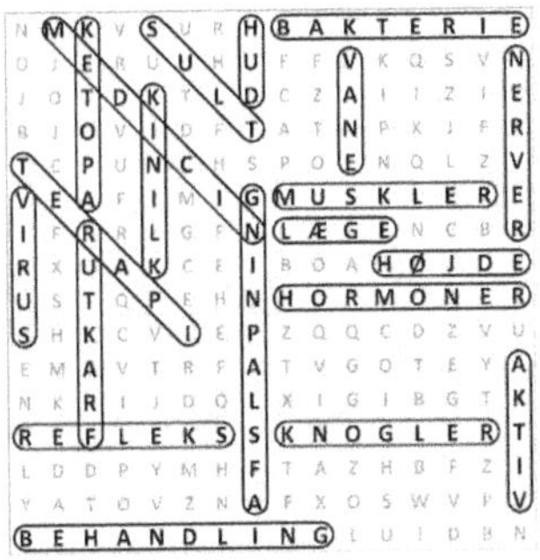

6 - Aggettivi #1

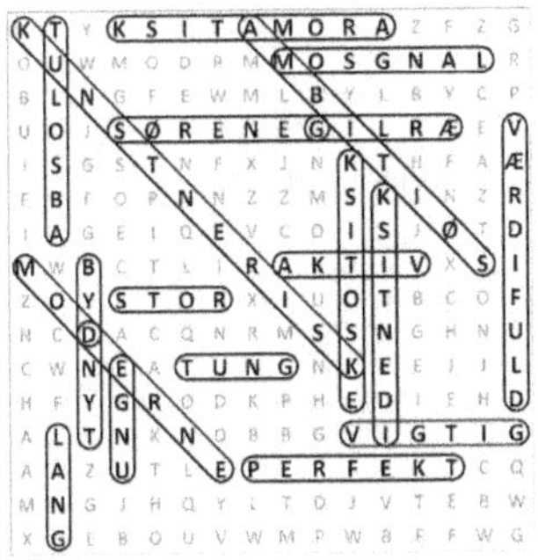

7 - Geologia

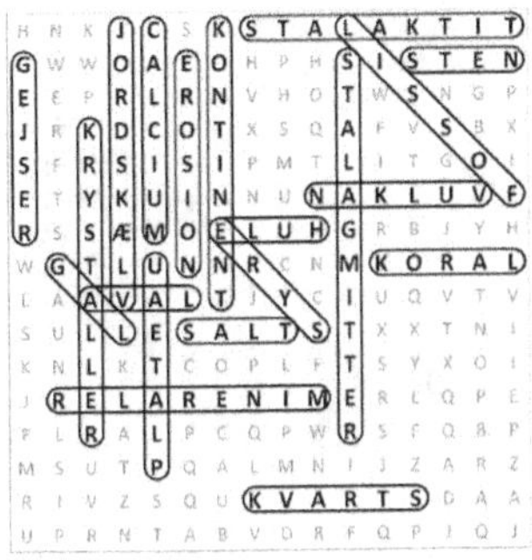

8 - Campeggio

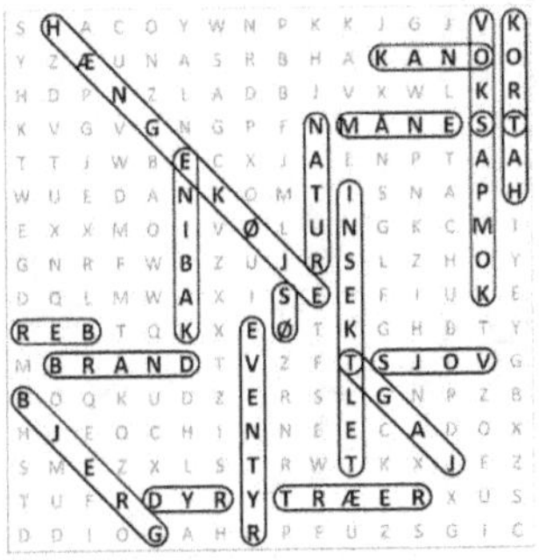

9 - Arti Visive

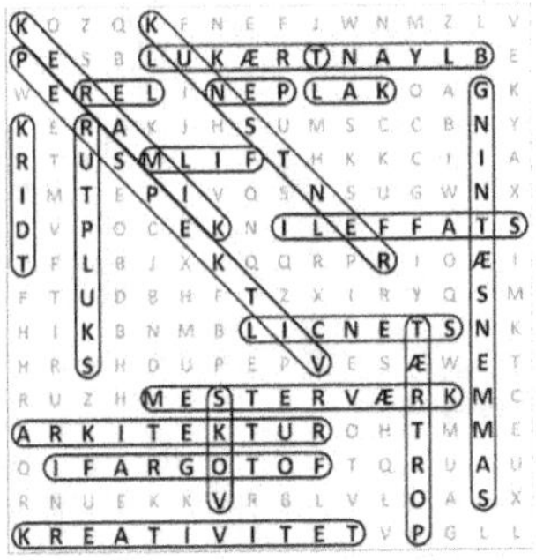

10 - Tempo

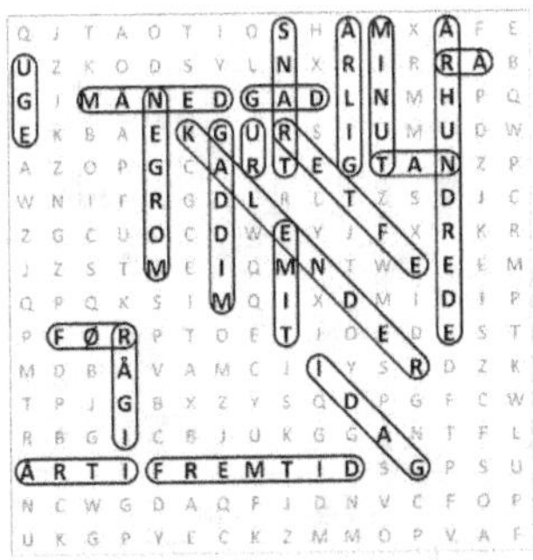

11 - Astronomia

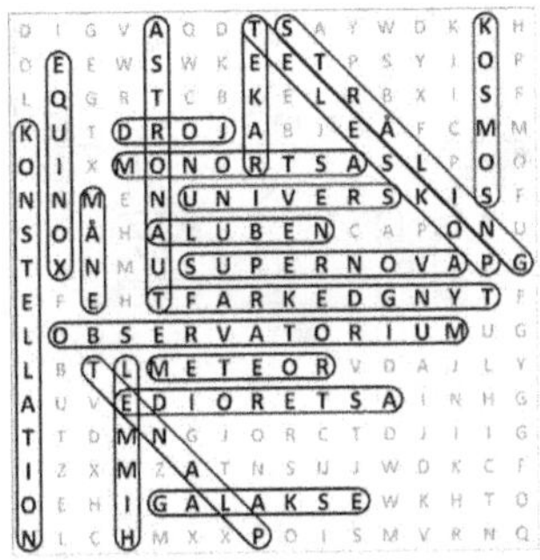

12 - Algebra

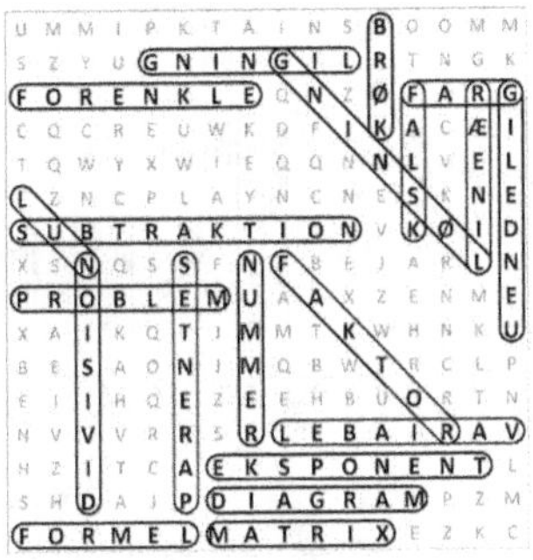

13 - Mitologia

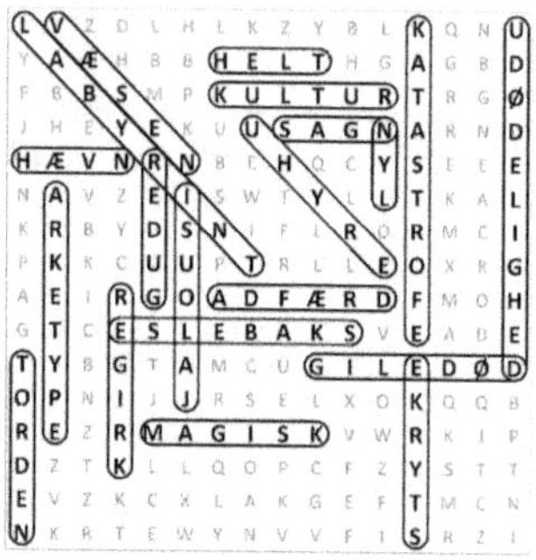

14 - Piante

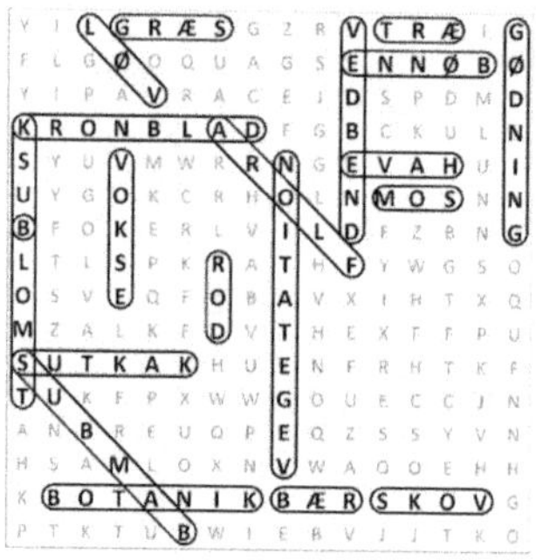

15 - Spezie

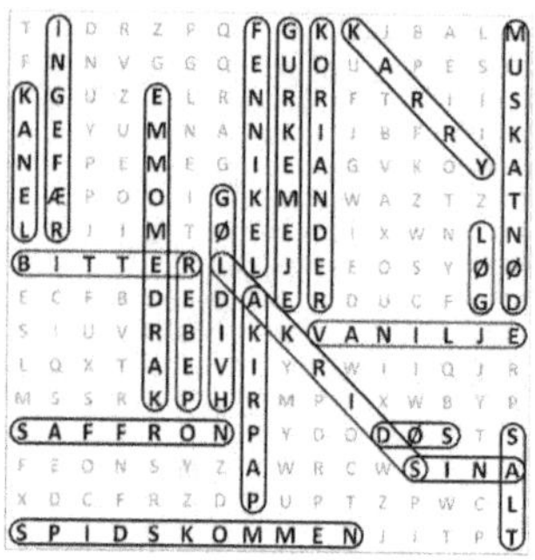

16 - Numeri

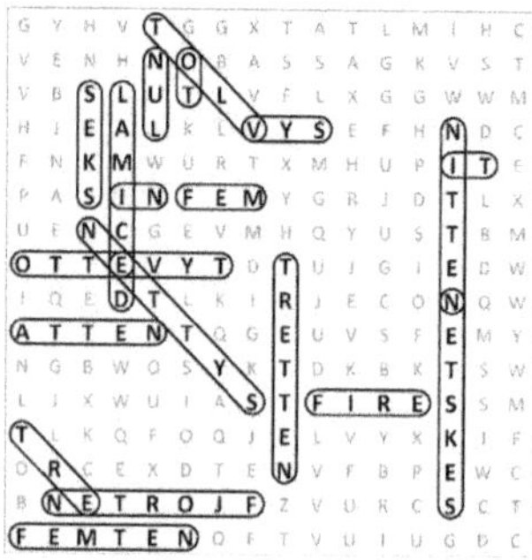

17 - Cioccolato

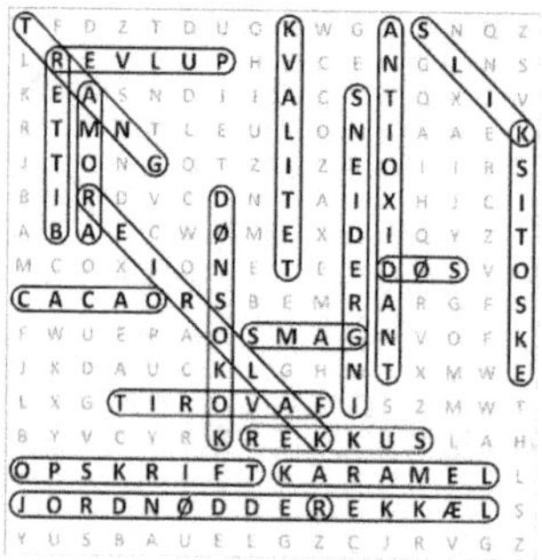

18 - Guida

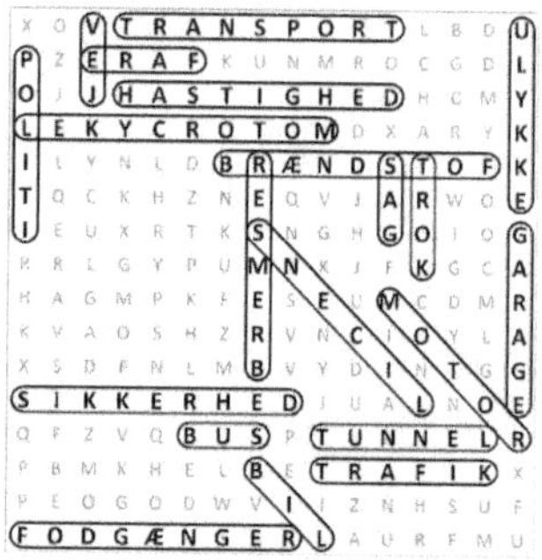

19 - I Media

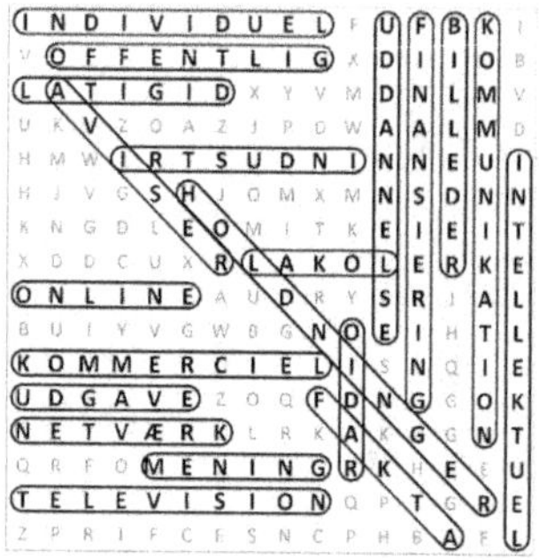

20 - Forza e Gravità

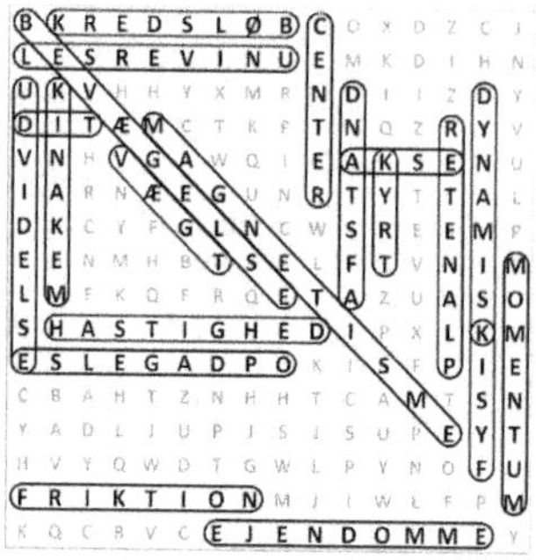

21 - Uccelli

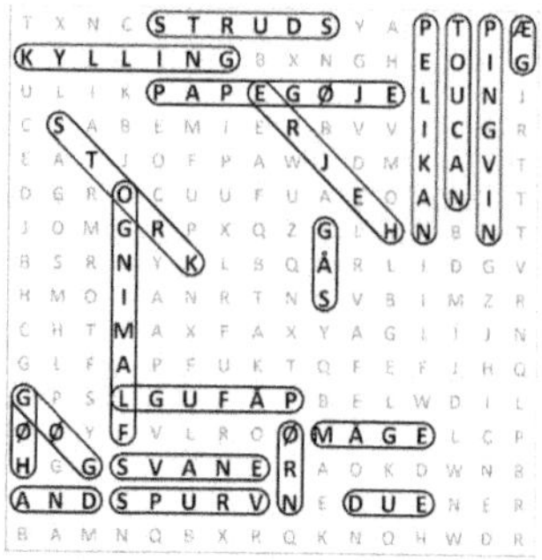

22 - Giorni e Mesi

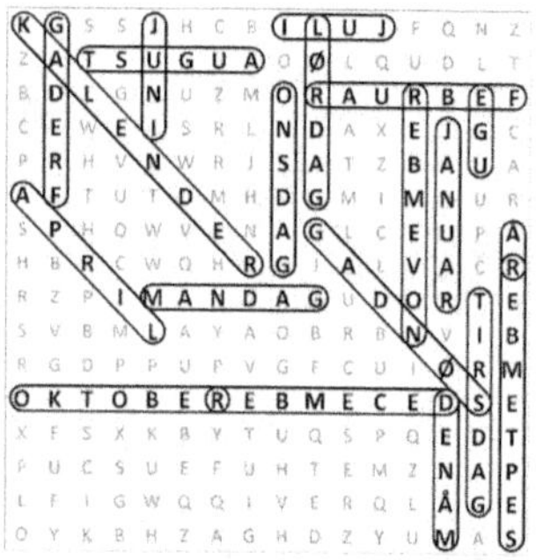

23 - Casa

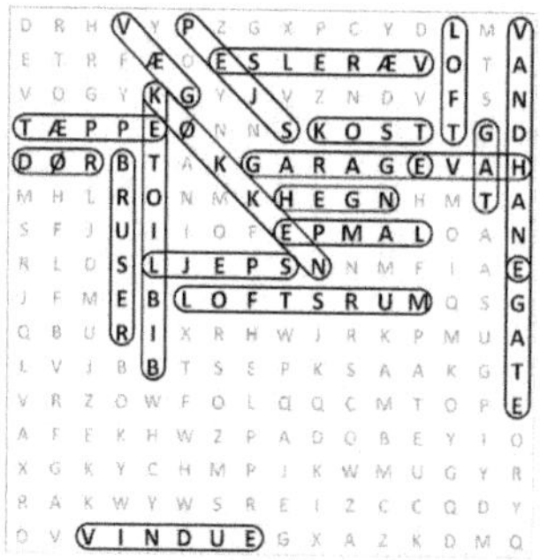

24 - Fantascienza

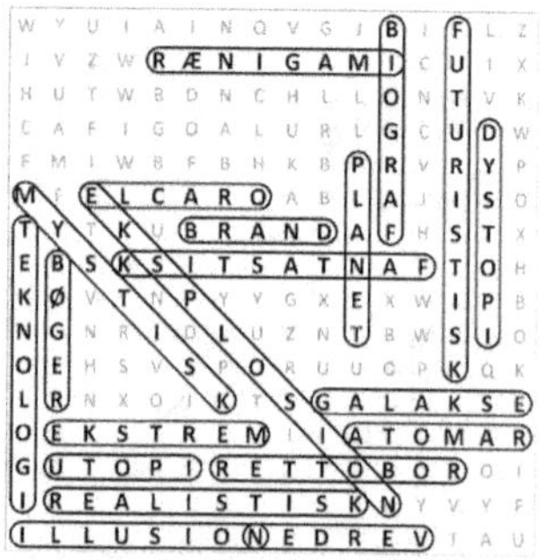

25 - Città

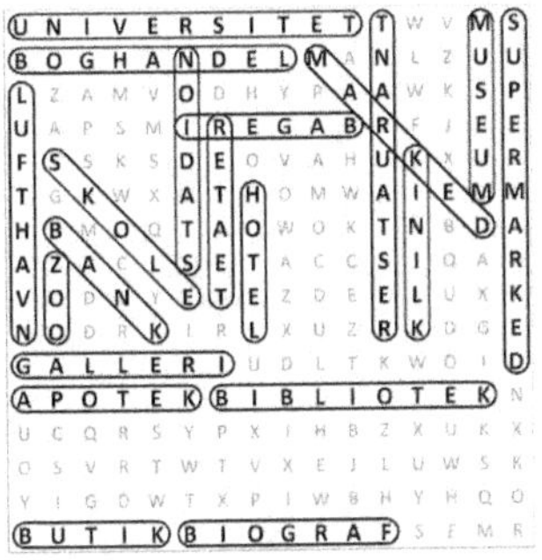

26 - Fattoria #1

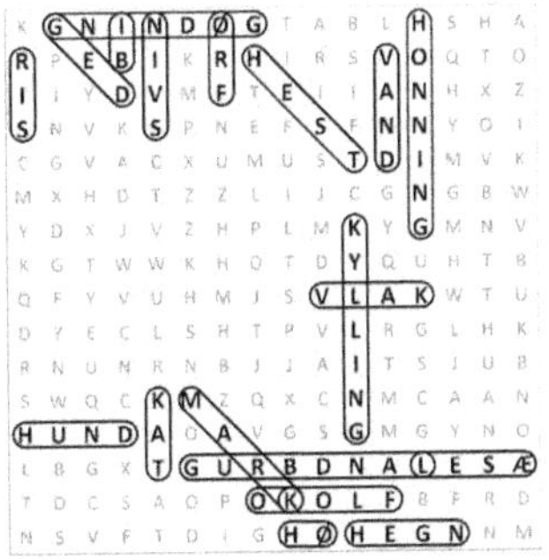

27 - Psicologia

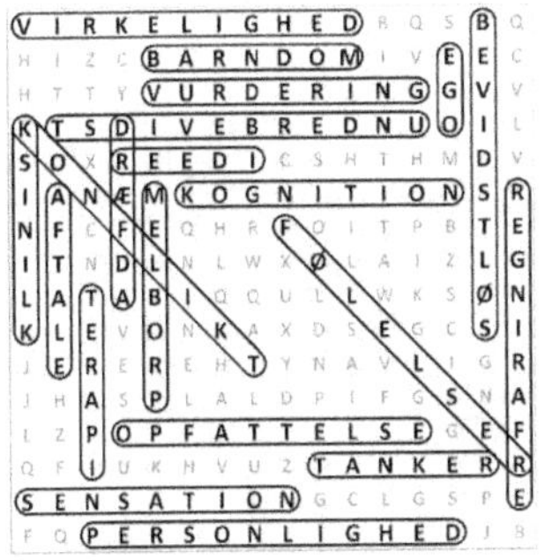

28 - Paesaggi

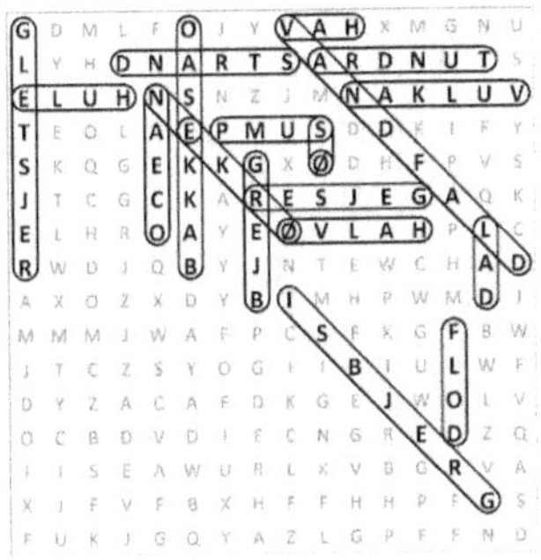

29 - Energia

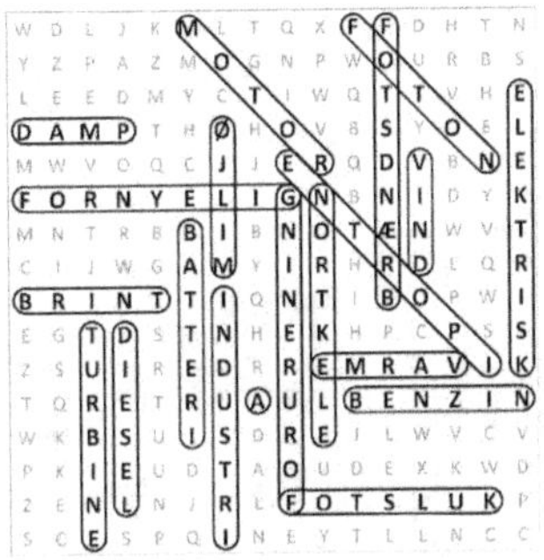

30 - Moda

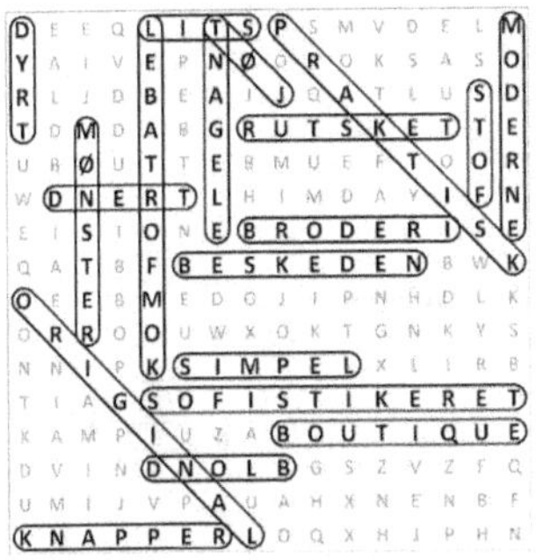

31 - L'Azienda

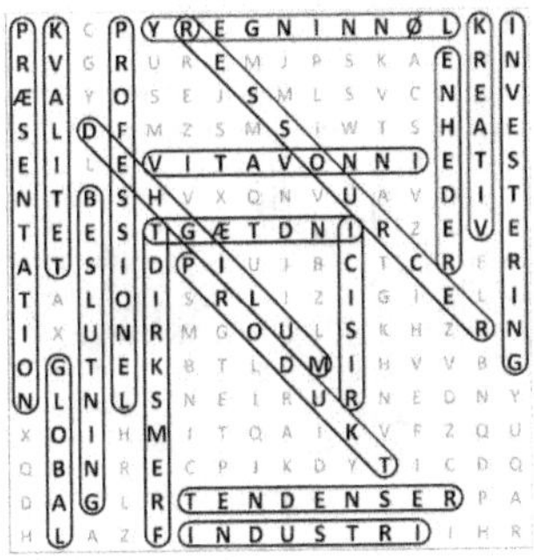

32 - Giardino

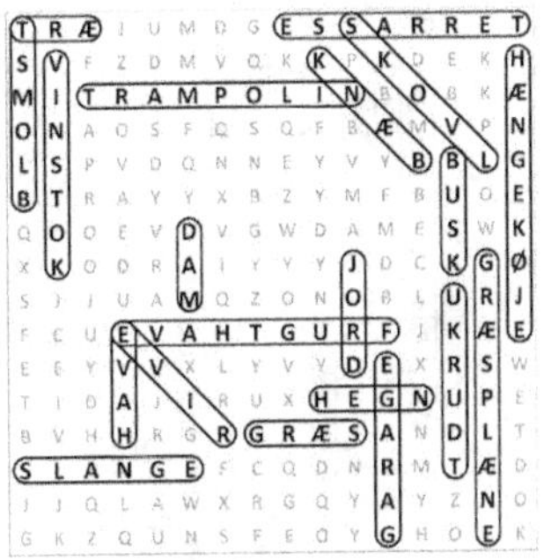

33 - Riscaldamento Gl

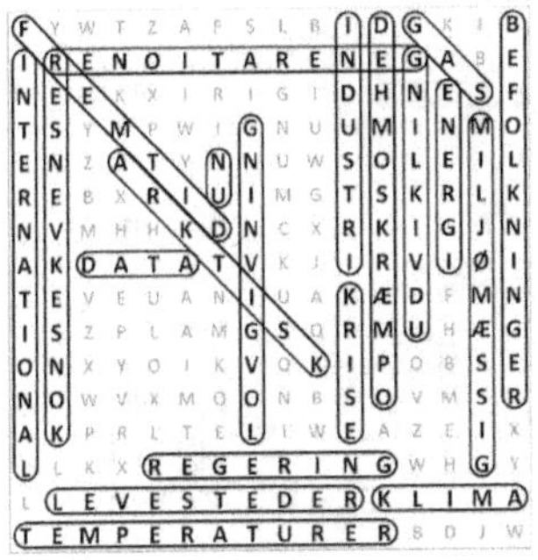

34 - Frutta

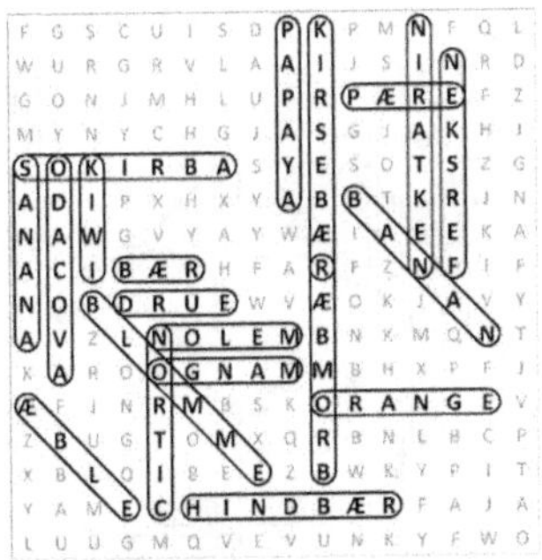

35 - Fattoria #2

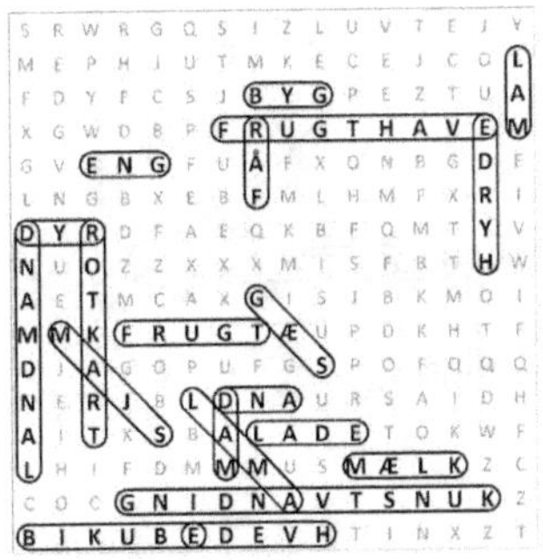

36 - Verdure

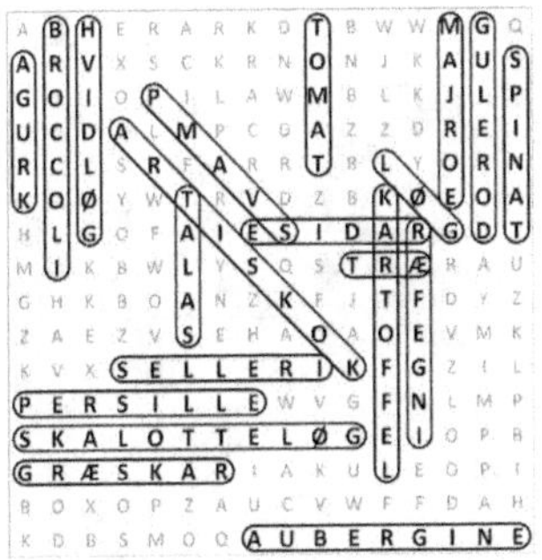

37 - Musica

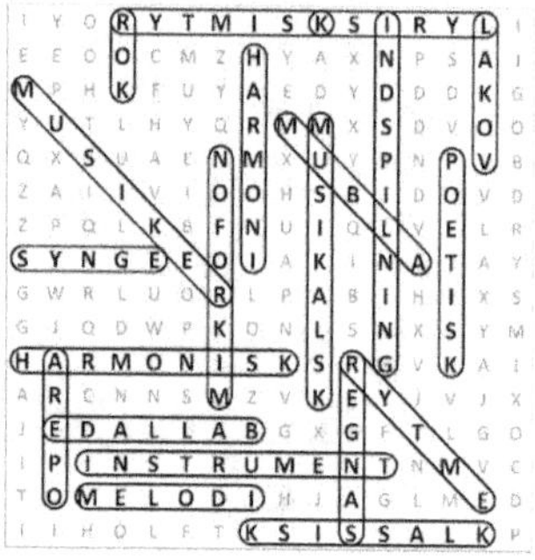

38 - Barbecue

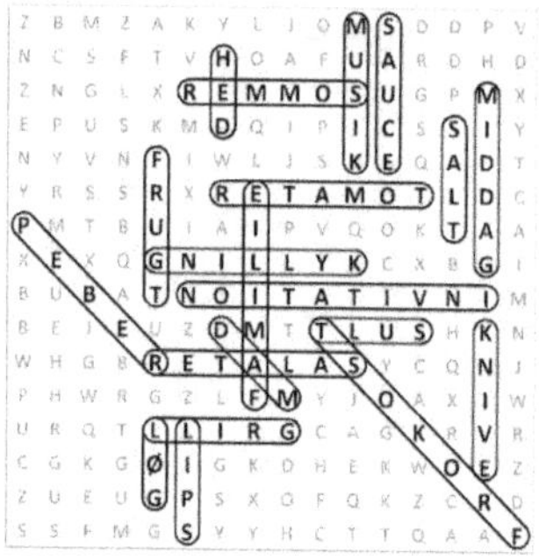

39 - Fisica

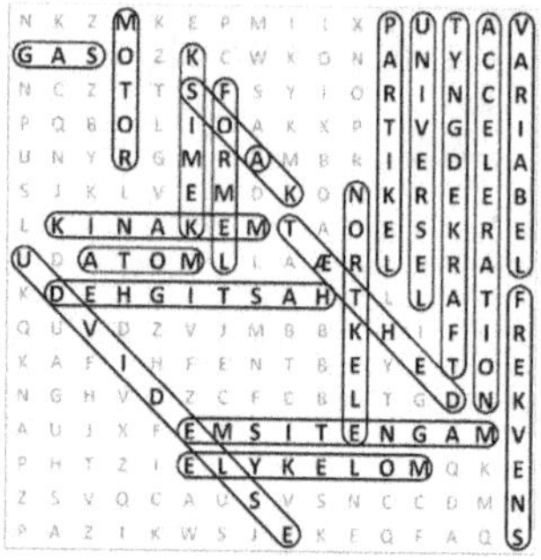

40 - Agronomia

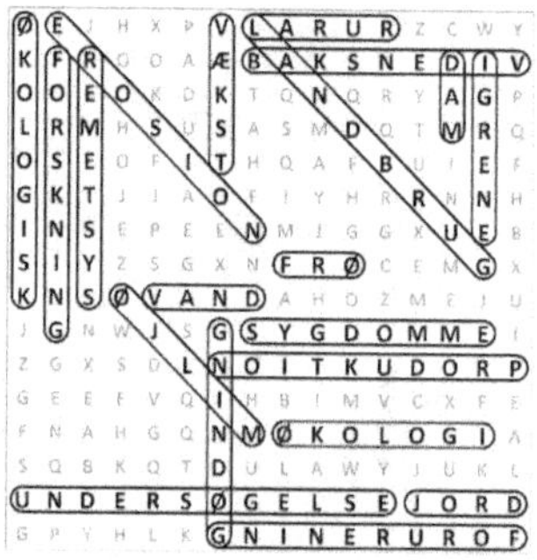

41 - Erboristeria

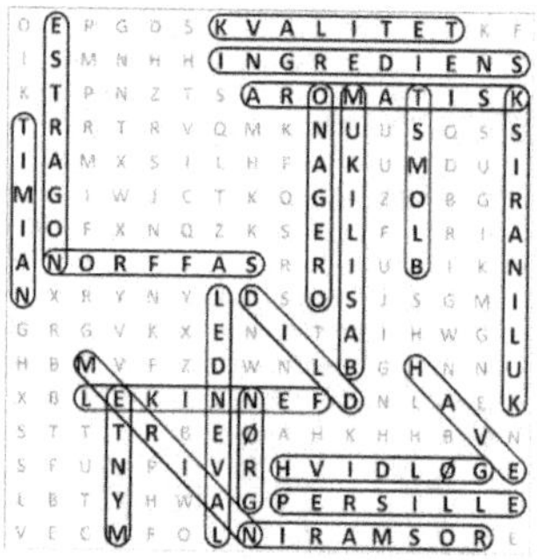

42 - Biologia

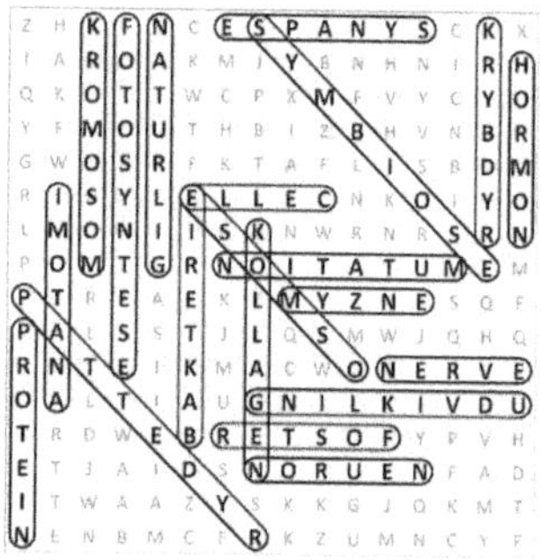

43 - Attività Commerciale

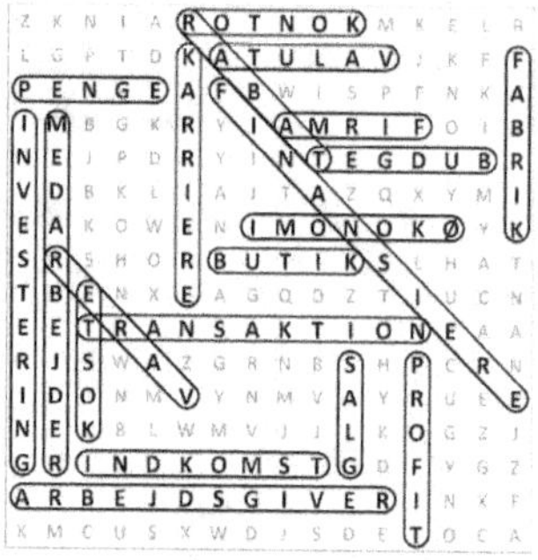

44 - Fiori

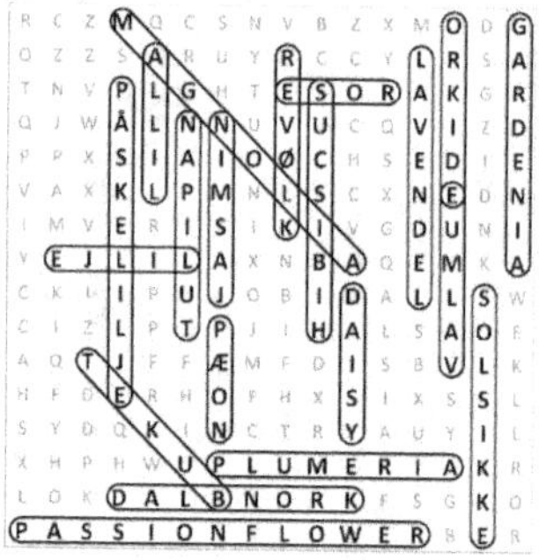

45 - Filantropia

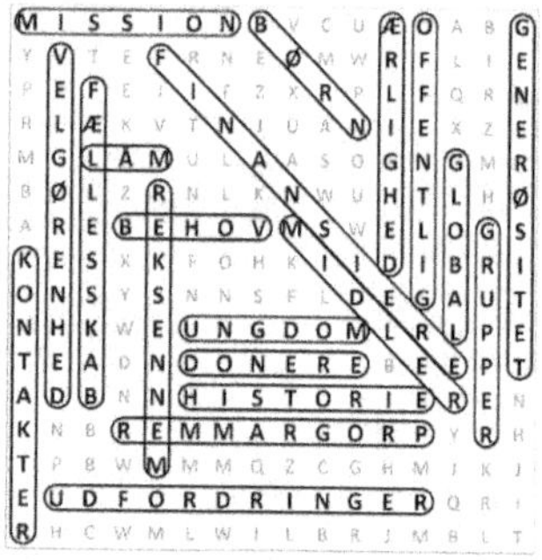

46 - Ecologia

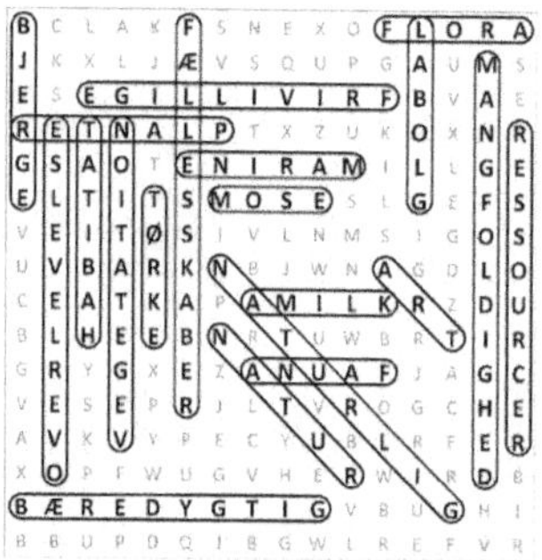

47 - Discipline Scientifiche

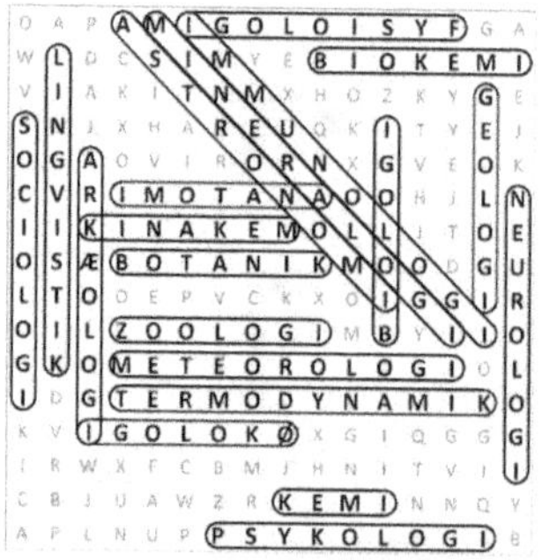

48 - Scienza

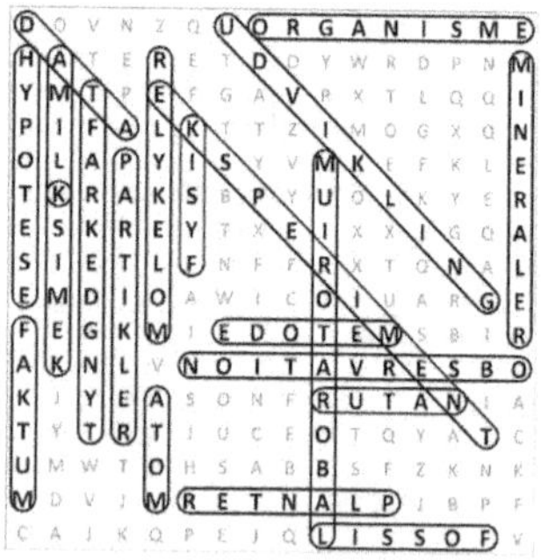

49 - Acqua

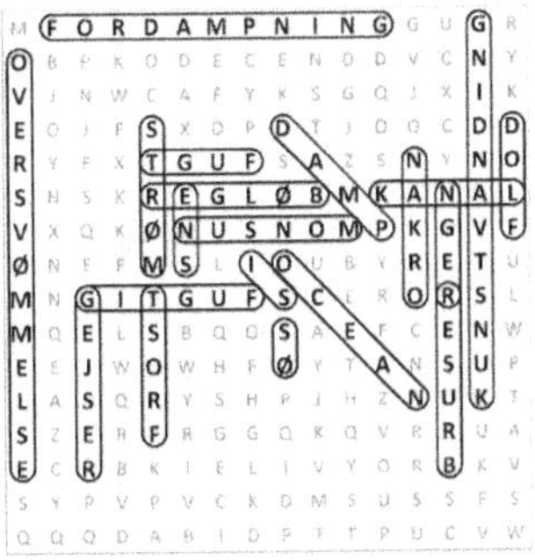

50 - Imbarcazioni

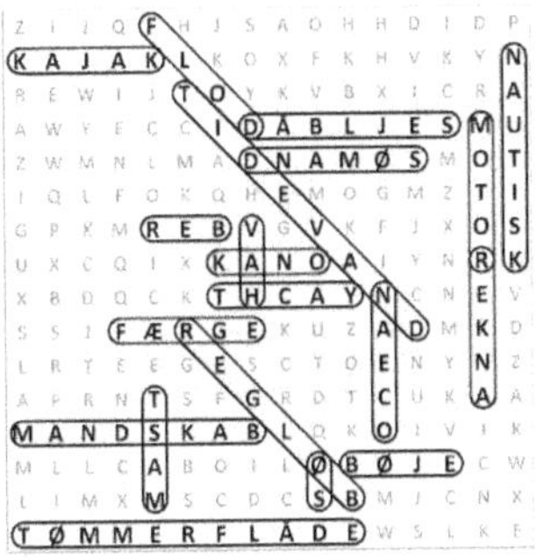

51 - Chimica

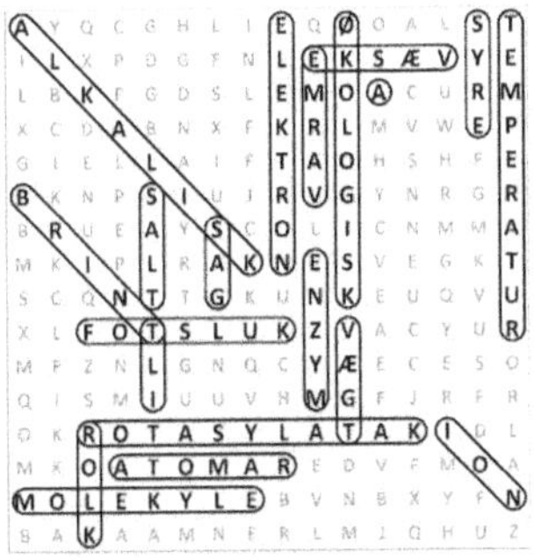

52 - Api

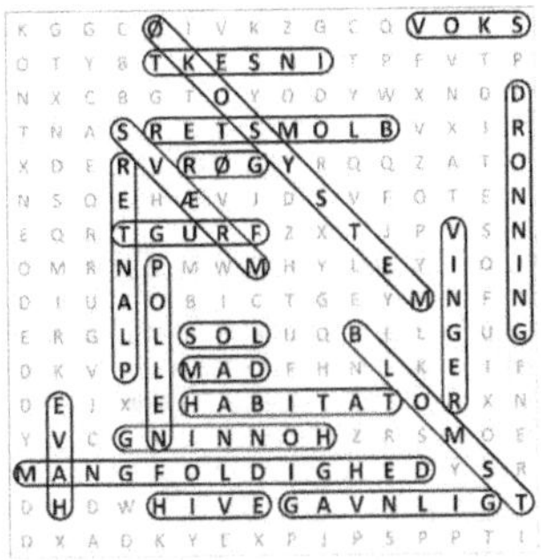

53 - Conservazione

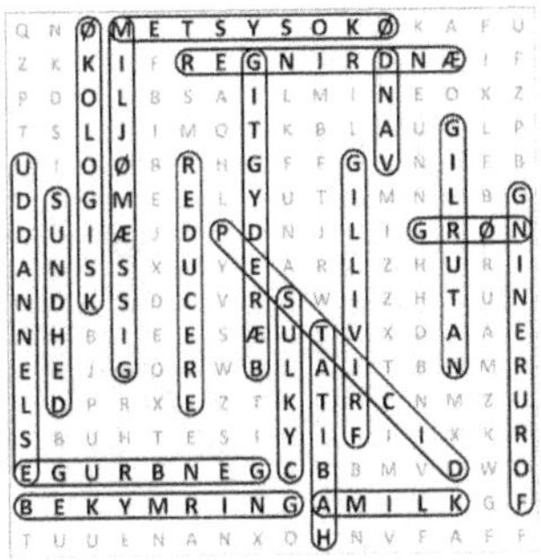

54 - Strumenti Musicali

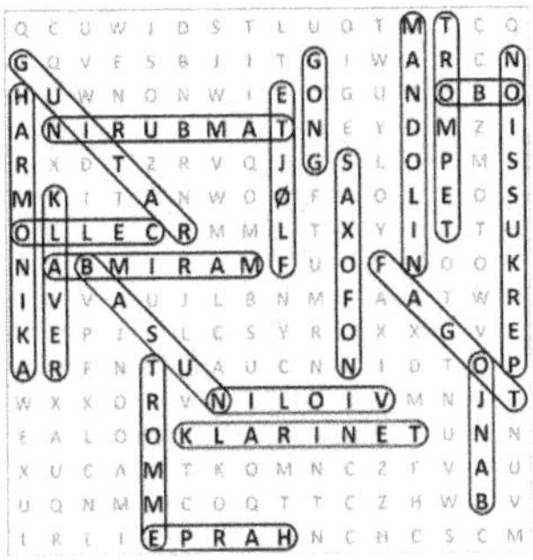

55 - Professioni #2

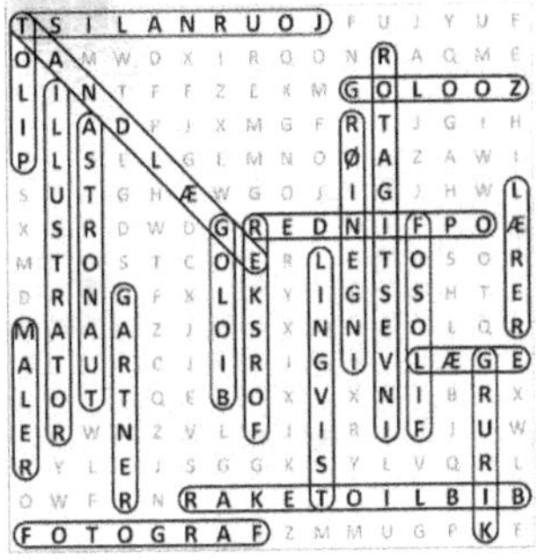

56 - Letteratura

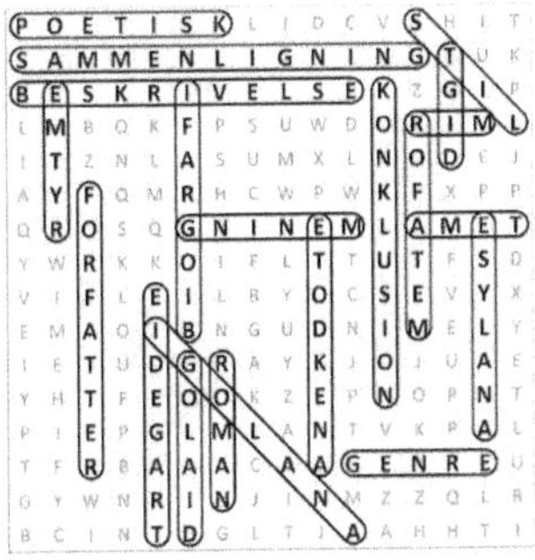

57 - Cibo #2

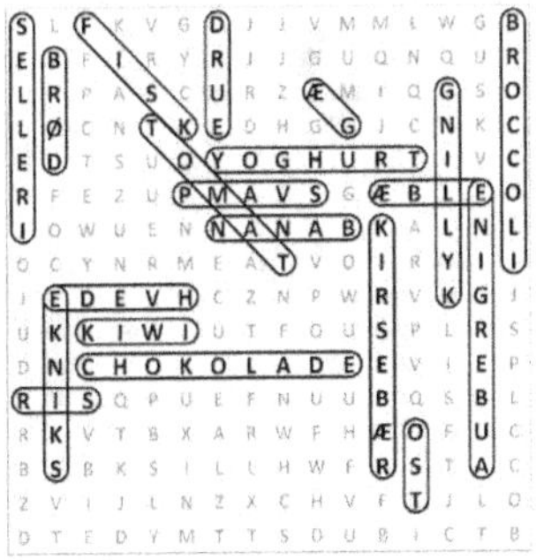

58 - Nutrizione

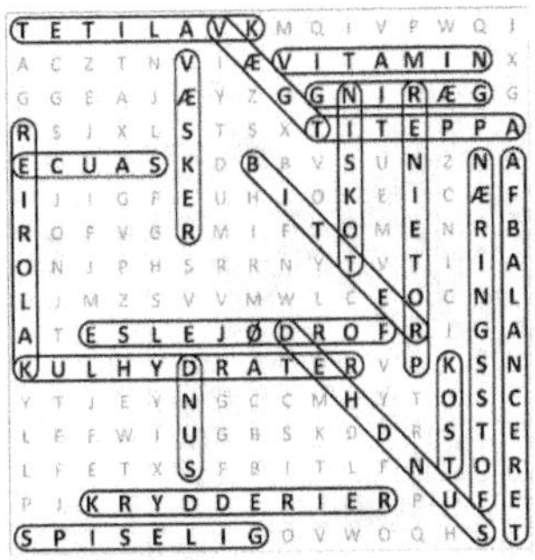

59 - Matematica

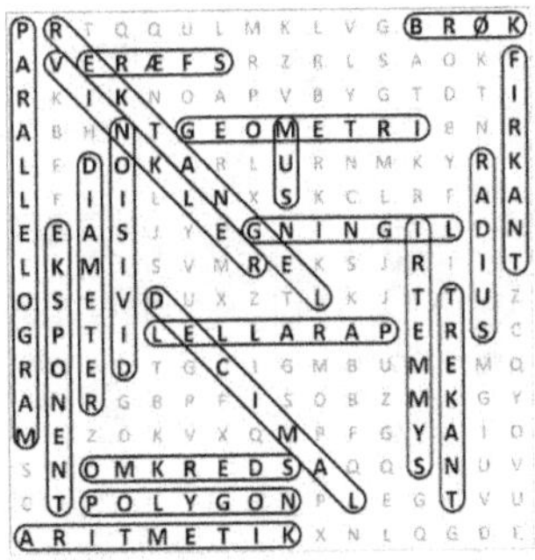

60 - Meditazione

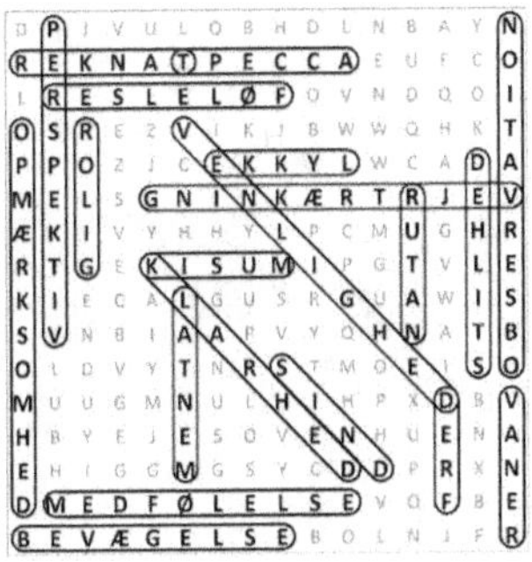

61 - Antiquariato

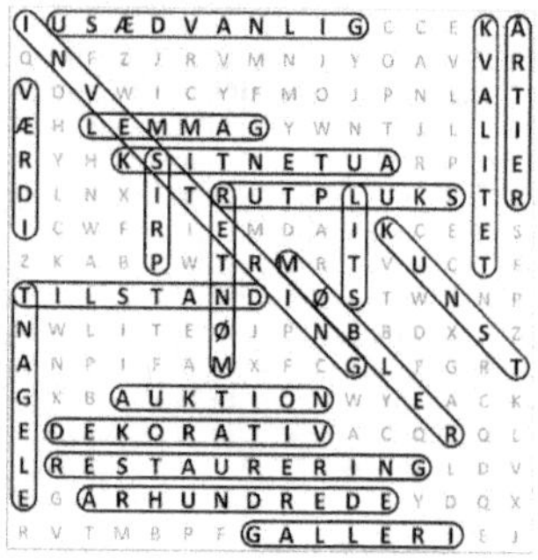

62 - Escursionismo

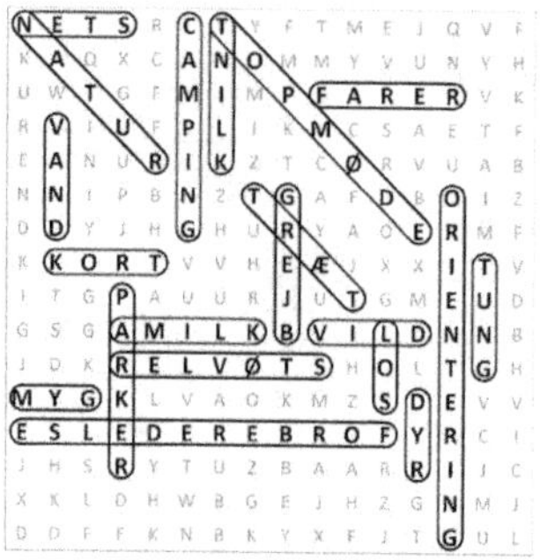

63 - Professioni #1

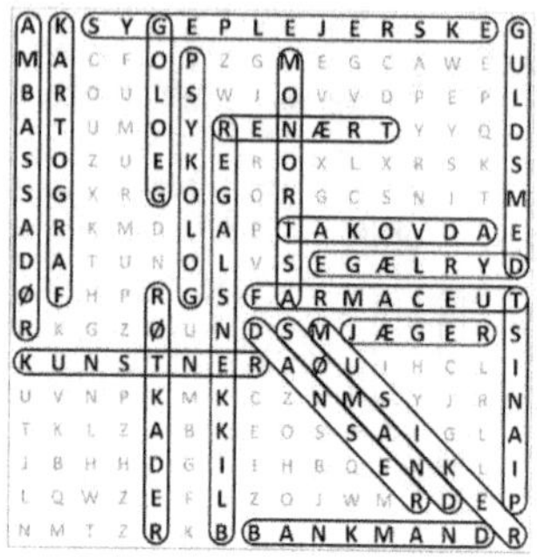

64 - Antartide

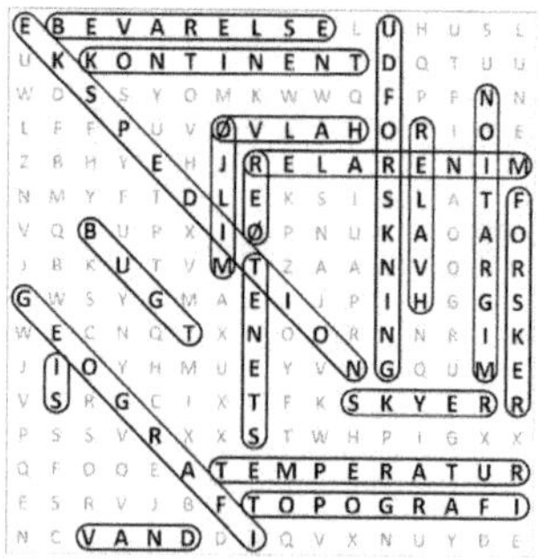

65 - Libri

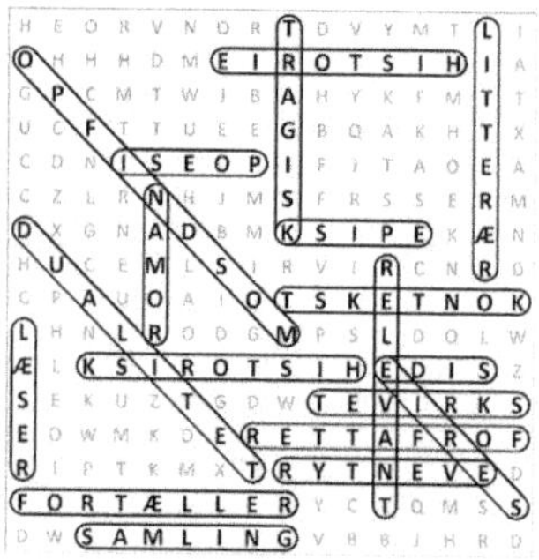

66 - Geografia

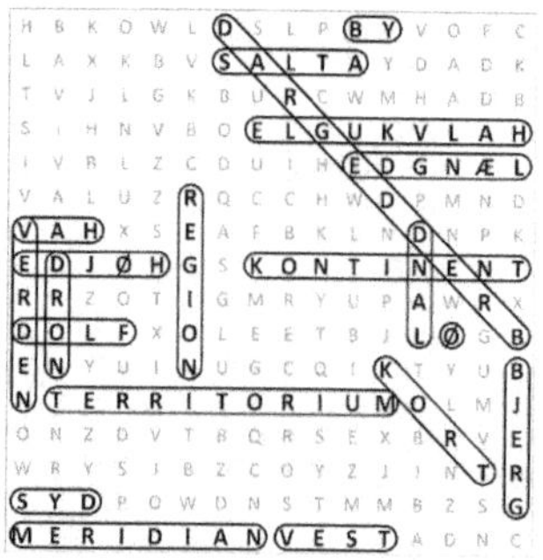

67 - Cibo #1

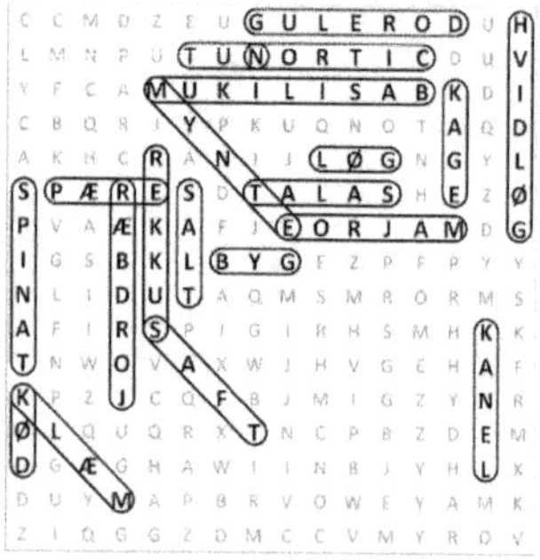

68 - Aeroplani

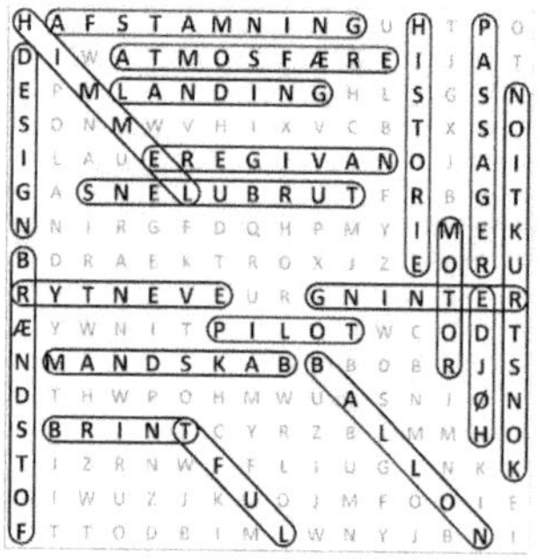

69 - Governo

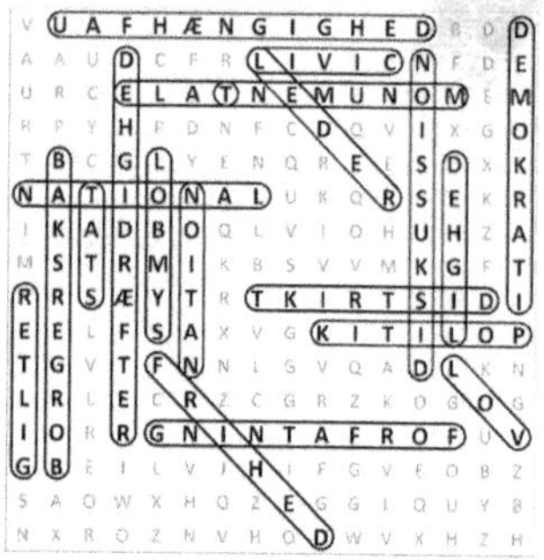

70 - Colori

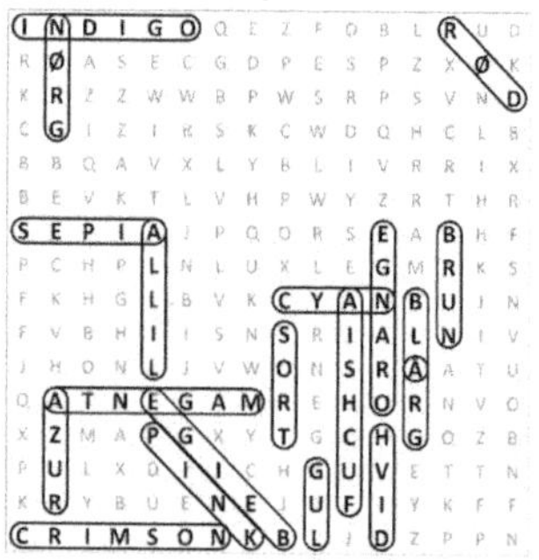

71 - Bellezza

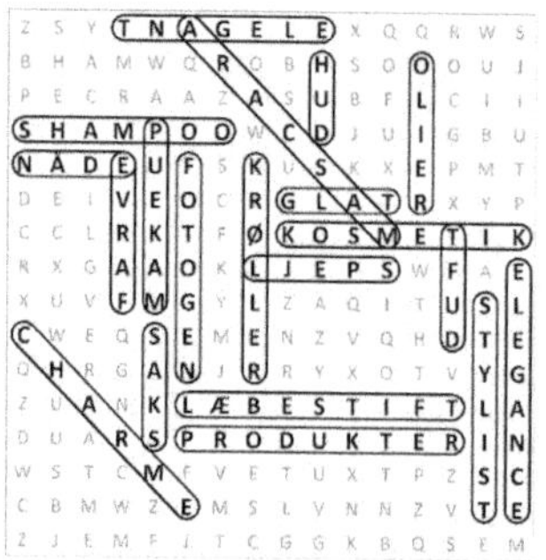

72 - Avventura

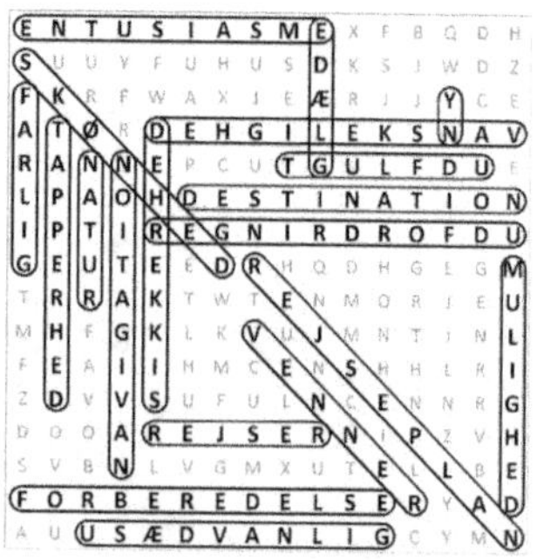

73 - Forme

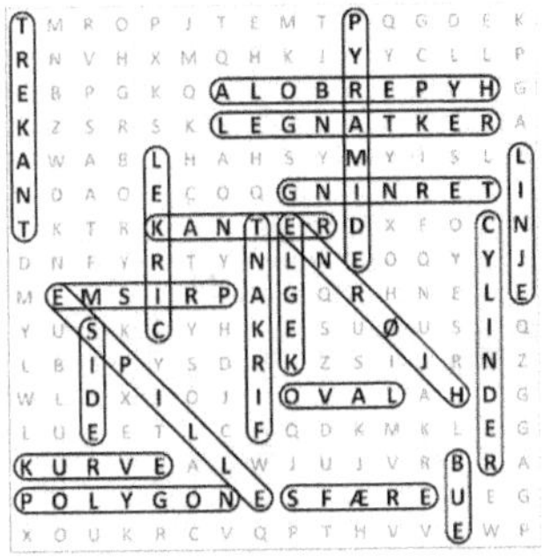

74 - Oceano

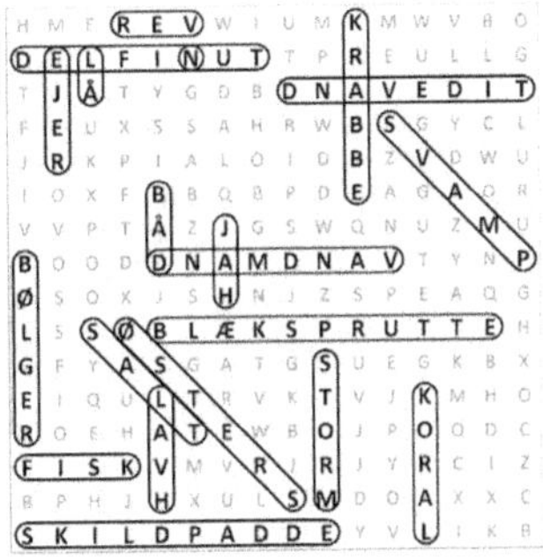

75 - Famiglia

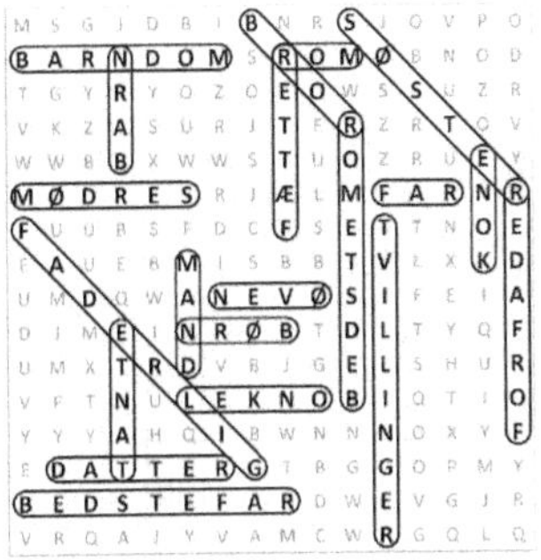

76 - Creatività

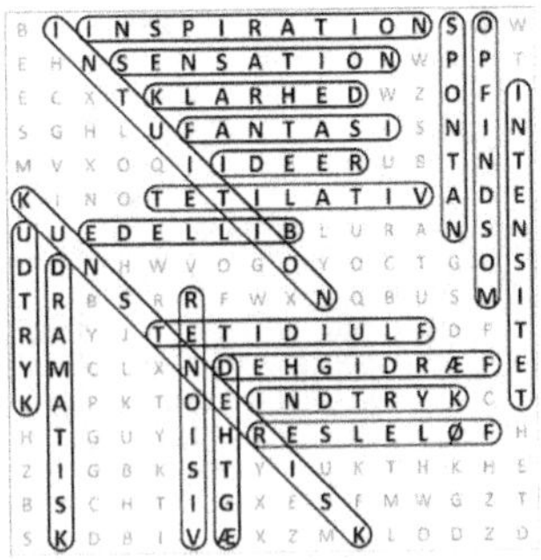

77 - Veicoli

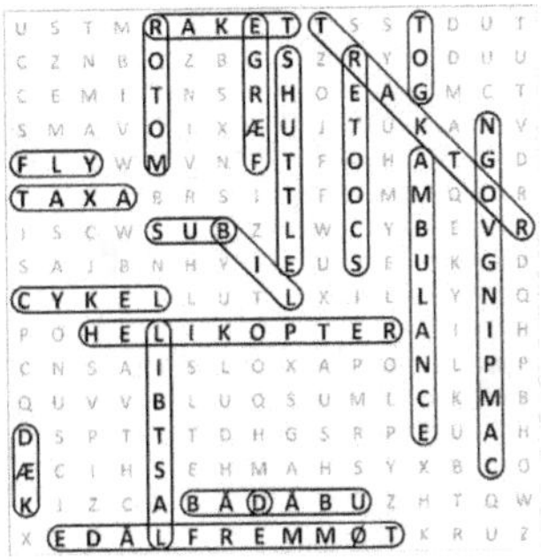

78 - Emozioni

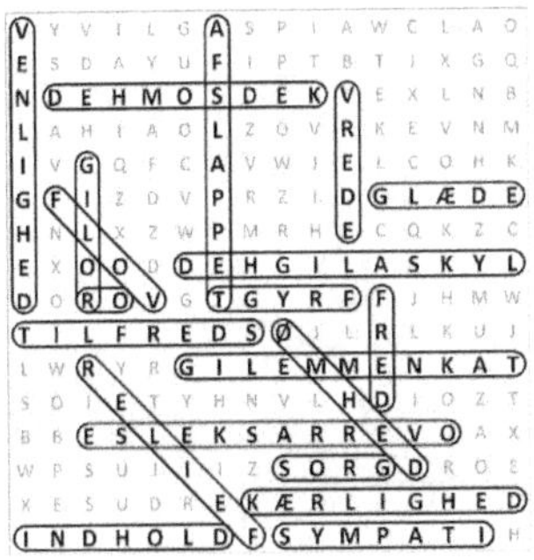

79 - Balletto

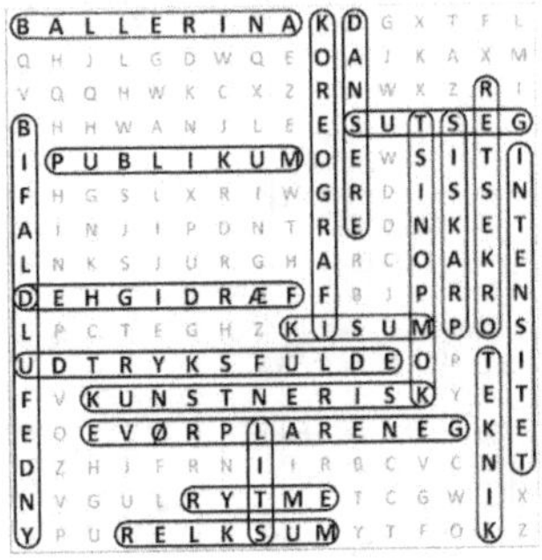

80 - Paesi #1

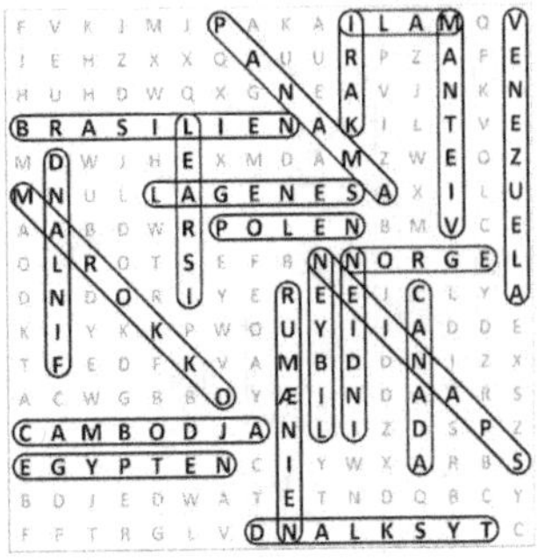

81 - Geometria

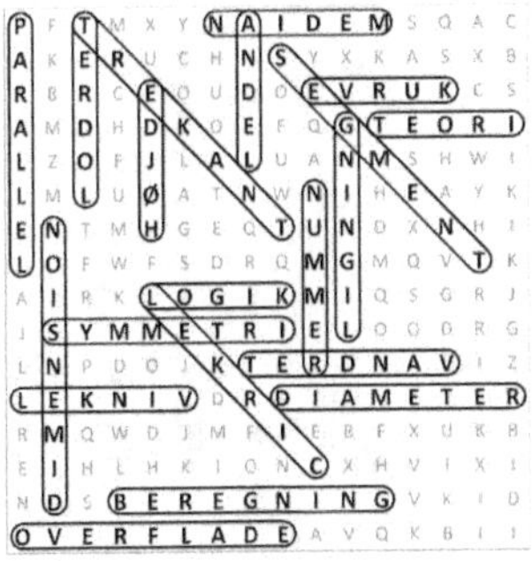

82 - Edifici

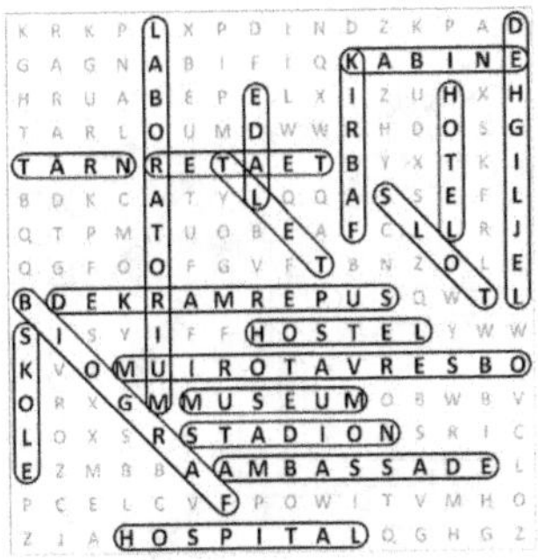

83 - Malattia

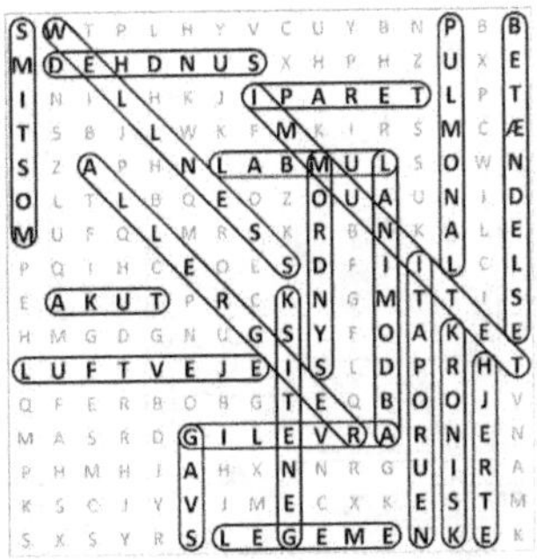

84 - Paesi #2

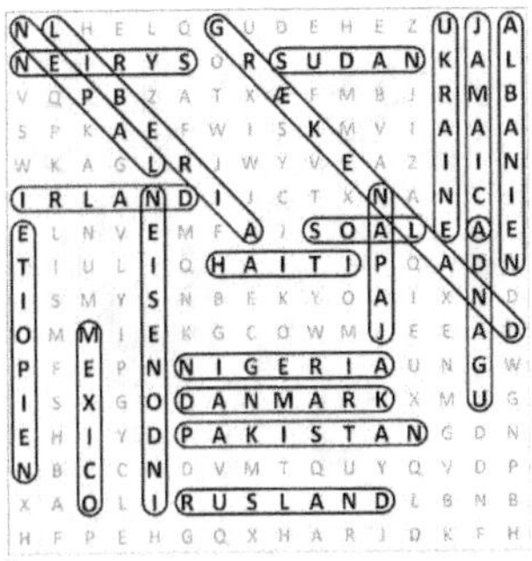

85 - Tipi di Capelli

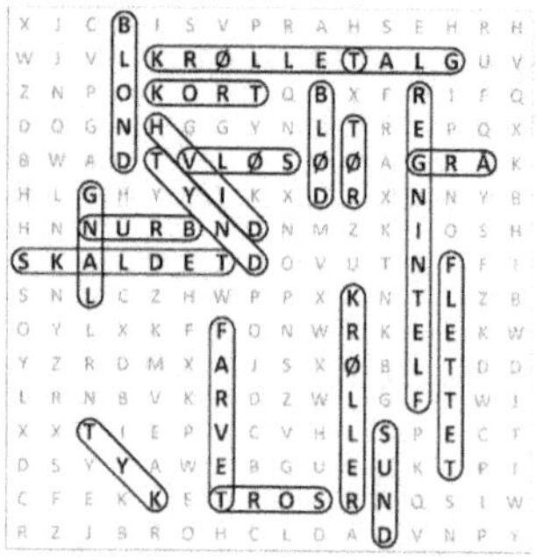

86 - Vestiti

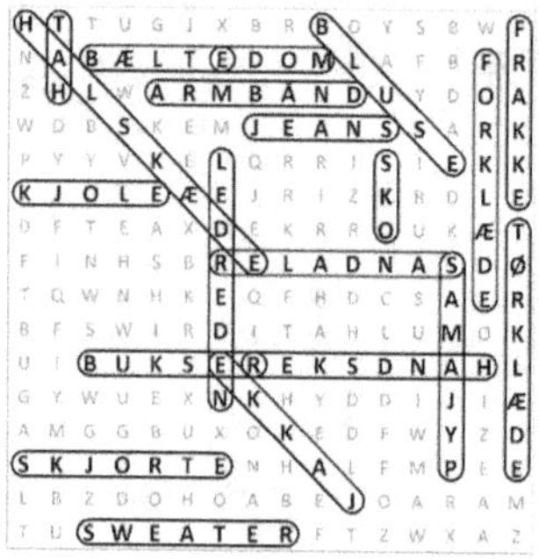

87 - Attività e Tempo Libero

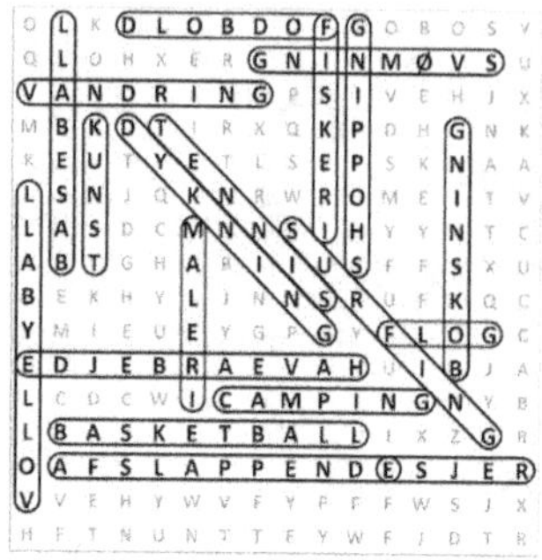

88 - Arte

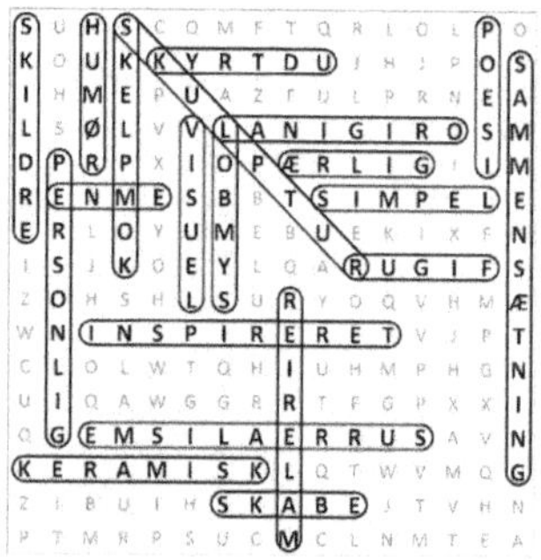

89 - Meteo

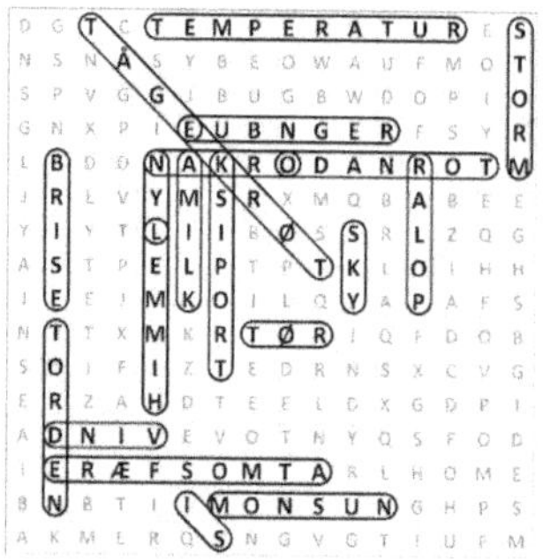

90 - Corpo Umano

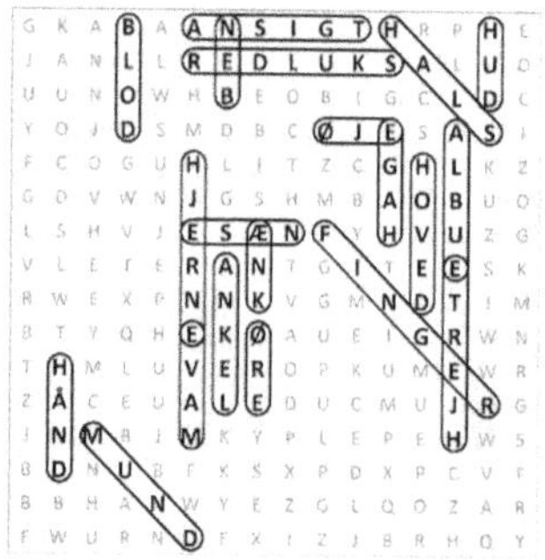

91 - Mammiferi

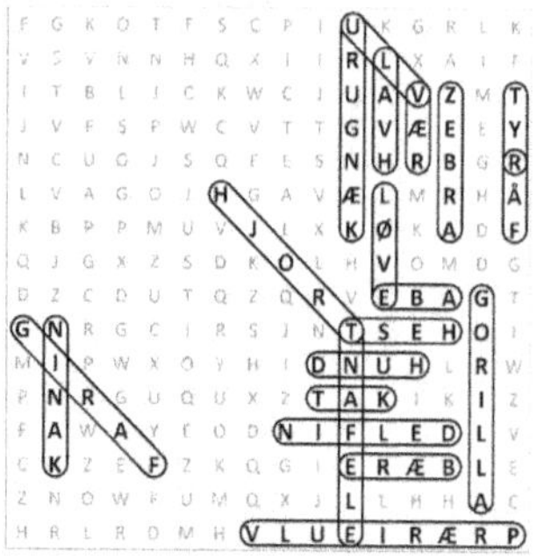

92 - Cucina

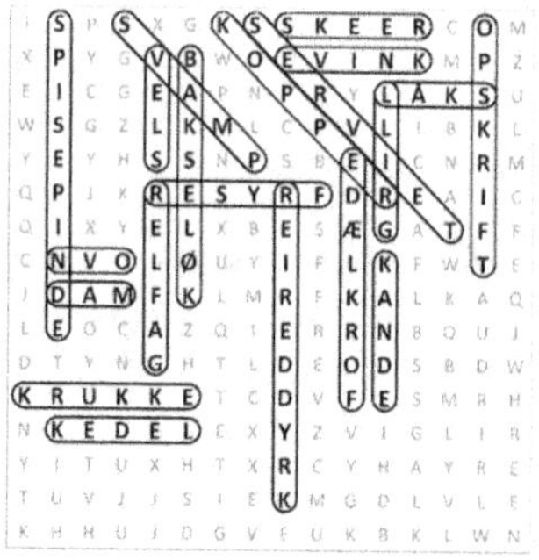

93 - Giardinaggio

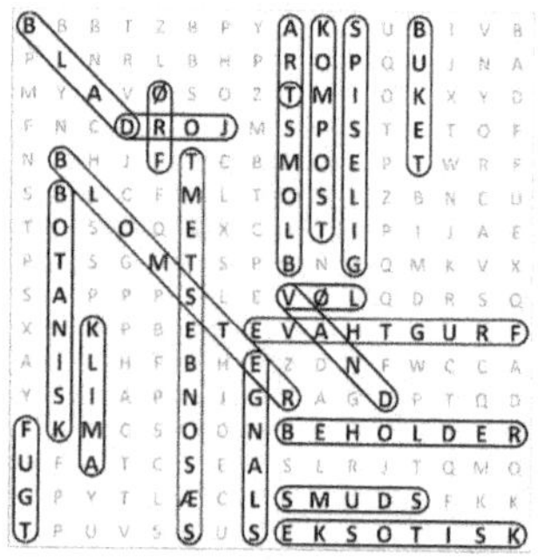

94 - Universo

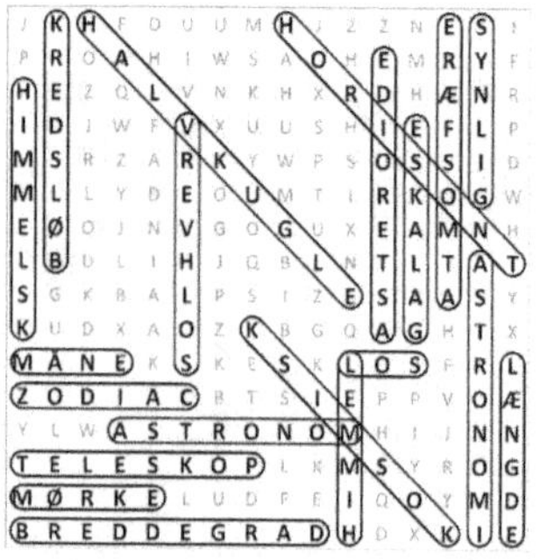

95 - Jazz

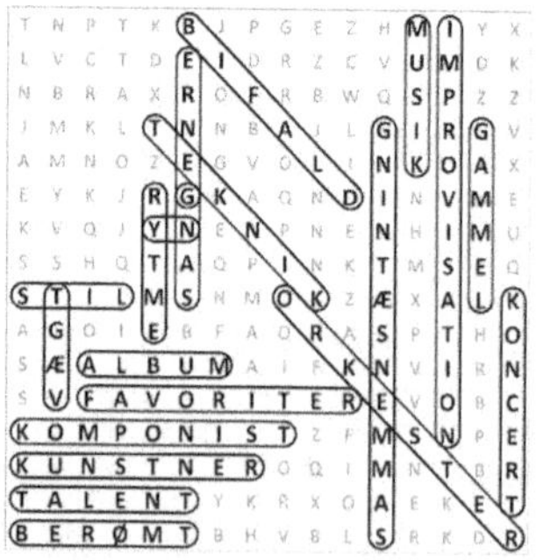

96 - Vacanze #2

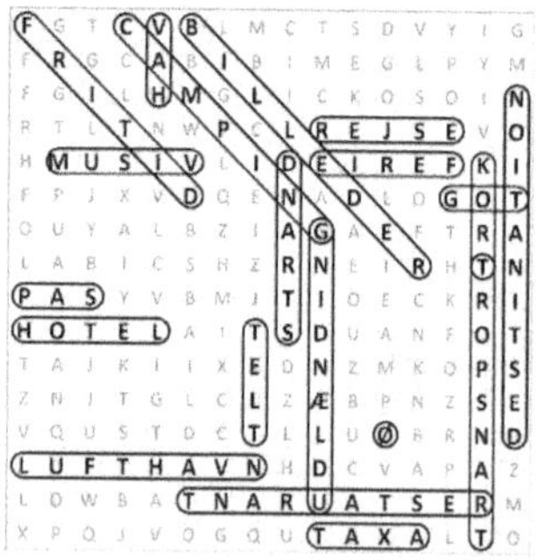

97 - Attività

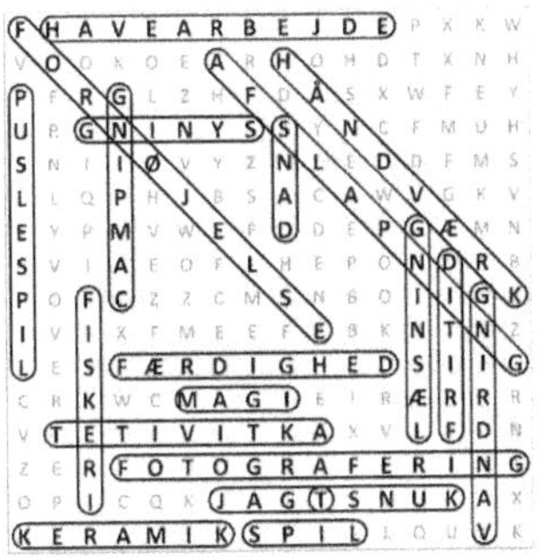

98 - Diplomazia

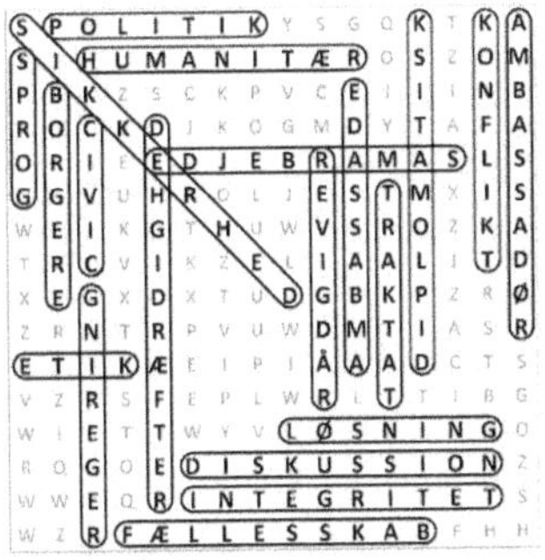

99 - Forniture Artistiche

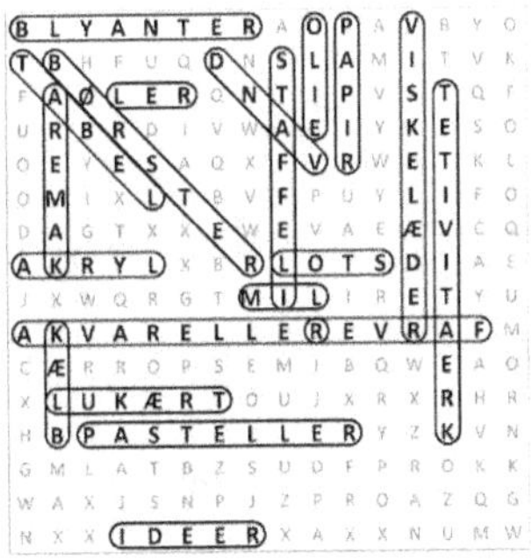

100 - Misurazioni

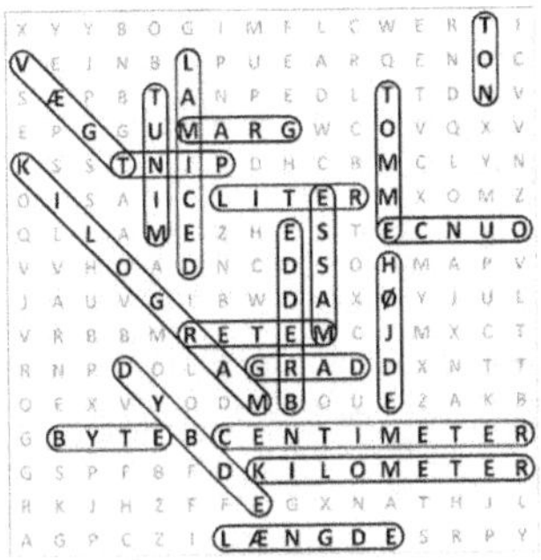

Dizionario

Acqua
Vand

Alluvione	Oversvømmelse
Canale	Kanal
Doccia	Bruser
Evaporazione	Fordampning
Fiume	Flod
Flusso	Strøm
Gelo	Frost
Geyser	Gejser
Ghiaccio	Is
Irrigazione	Kunstvanding
Lago	Sø
Monsone	Monsun
Neve	Sne
Oceano	Ocean
Onde	Bølger
Pioggia	Regn
Umidità	Fugt
Umido	Fugtig
Uragano	Orkan
Vapore	Damp

Aeroplani
Fly

Altezza	Højde
Aria	Luft
Atmosfera	Atmosfære
Atterraggio	Landing
Avventura	Eventyr
Carburante	Brændstof
Cielo	Himmel
Costruzione	Konstruktion
Design	Design
Direzione	Retning
Discesa	Afstamning
Equipaggio	Mandskab
Idrogeno	Brint
Motore	Motor
Navigare	Navigere
Palloncino	Ballon
Passeggero	Passager
Pilota	Pilot
Storia	Historie
Turbolenza	Turbulens

Aggettivi #1
Tillægsord #1

Ambizioso	Ambitiøs
Aromatico	Aromatisk
Artistico	Kunstnerisk
Assoluto	Absolut
Attivo	Aktiv
Esotico	Eksotisk
Generoso	Generøs
Giovane	Unge
Grande	Stor
Identico	Identisk
Importante	Vigtig
Lento	Langsom
Lungo	Lang
Moderno	Moderne
Onesto	Ærlig
Perfetto	Perfekt
Pesante	Tung
Prezioso	Værdifuld
Profondo	Dyb
Sottile	Tynd

Aggettivi #2
Tillægsord #2

Affamato	Sulten
Asciutto	Tør
Autentico	Autentisk
Creativo	Kreativ
Descrittivo	Beskrivende
Dolce	Sød
Drammatico	Dramatisk
Elegante	Elegant
Famoso	Berømt
Forte	Stærk
Interessante	Interessant
Naturale	Naturlig
Normale	Normal
Nuovo	Ny
Orgoglioso	Stolt
Produttivo	Produktiv
Puro	Ren
Responsabile	Ansvarlig
Salato	Saltet
Sano	Sund

Agronomia
Agronomi

Acqua	Vand
Agricoltura	Landbrug
Ambiente	Miljø
Cibo	Mad
Crescita	Vækst
Ecologia	Økologi
Energia	Energi
Erosione	Erosion
Fertilizzante	Gødning
Inquinamento	Forurening
Malattie	Sygdomme
Organico	Økologisk
Produzione	Produktion
Ricerca	Forskning
Rurale	Rural
Scienza	Videnskab
Semi	Frø
Sistemi	Systemer
Studio	Undersøgelse
Suolo	Jord

Algebra
Algebra

Diagramma	Diagram
Divisione	Division
Equazione	Ligning
Esponente	Eksponent
Falso	Falsk
Fattore	Faktor
Formula	Formel
Frazione	Brøk
Grafico	Graf
Infinito	Uendelig
Lineare	Lineær
Matrice	Matrix
Numero	Nummer
Parentesi	Parentes
Problema	Problem
Semplificare	Forenkle
Soluzione	Løsning
Sottrazione	Subtraktion
Variabile	Variabel
Zero	Nul

Antartide
Antarktis

Acqua	Vand
Ambiente	Miljø
Baia	Bugt
Balene	Hvaler
Conservazione	Bevarelse
Continente	Kontinent
Esplorazione	Udforskning
Geografia	Geografi
Ghiaccio	Is
Isole	Øer
Migrazione	Migration
Minerali	Mineraler
Nuvole	Skyer
Penisola	Halvø
Ricercatore	Forsker
Roccioso	Stenet
Scientifico	Videnskabelig
Spedizione	Ekspedition
Temperatura	Temperatur
Topografia	Topografi

Antiquariato
Antikviteter

Arte	Kunst
Asta	Auktion
Autentico	Autentisk
Condizione	Tilstand
Decenni	Årtier
Decorativo	Dekorativ
Elegante	Elegant
Galleria	Galleri
Insolito	Usædvanlig
Investimento	Investering
Mobilio	Møbler
Monete	Mønter
Prezzo	Pris
Qualità	Kvalitet
Restauro	Restaurering
Scultura	Skulptur
Secolo	Århundrede
Stile	Stil
Valore	Værdi
Vecchio	Gammel

Api
Bier

Ali	Vinger
Alveare	Hive
Benefico	Gavnlig
Cera	Voks
Cibo	Mad
Diversità	Mangfoldighed
Ecosistema	Økosystem
Fiori	Blomster
Fiorire	Blomst
Frutta	Frugt
Fumo	Røg
Giardino	Have
Habitat	Habitat
Insetto	Insekt
Miele	Honning
Piante	Planter
Polline	Pollen
Regina	Dronning
Sciame	Sværm
Sole	Sol

Archeologia
Arkæologi

Analisi	Analyse
Antichità	Antikken
Ceramica	Keramik
Civiltà	Civilisation
Dimenticato	Glemt
Discendente	Efterkommer
Era	Æra
Esperto	Ekspert
Fossile	Fossil
Mistero	Mysterium
Oggetti	Objekter
Ossa	Knogler
Professore	Professor
Reliquia	Levn
Ricercatore	Forsker
Sconosciuto	Ukendt
Squadra	Hold
Tempio	Tempel
Tomba	Grav
Valutazione	Evaluering

Arte
Kunst

Ceramica	Keramisk
Complesso	Kompleks
Composizione	Sammensætning
Creare	Skabe
Dipinti	Malerier
Espressione	Udtryk
Figura	Figur
Ispirato	Inspireret
Onesto	Ærlig
Originale	Original
Personale	Personlig
Poesia	Poesi
Ritrarre	Skildre
Scultura	Skulptur
Semplice	Simpel
Simbolo	Symbol
Soggetto	Emne
Surrealismo	Surrealisme
Umore	Humør
Visivo	Visuel

Arti Visive
Billedkunst

Architettura	Arkitektur
Argilla	Ler
Artista	Kunstner
Capolavoro	Mesterværk
Carbone	Trækul
Cavalletto	Staffeli
Cera	Voks
Ceramica	Keramik
Composizione	Sammensætning
Creatività	Kreativitet
Film	Film
Fotografia	Fotografi
Gesso	Kridt
Matita	Blyant
Penna	Pen
Prospettiva	Perspektiv
Ritratto	Portræt
Scultura	Skulptur
Stampino	Stencil
Vernice	Lak

Astronomia
Astronomi

Asteroide	Asteroide
Astronauta	Astronaut
Astronomo	Astronom
Cielo	Himmel
Cosmo	Kosmos
Costellazione	Konstellation
Equinozio	Equinox
Galassia	Galakse
Gravità	Tyngdekraft
Luna	Måne
Meteora	Meteor
Nebulosa	Nebula
Osservatorio	Observatorium
Pianeta	Planet
Radiazione	Stråling
Razzo	Raket
Supernova	Supernova
Telescopio	Teleskop
Terra	Jord
Universo	Univers

Attività
Aktiviteter

Abilità	Færdighed
Arte	Kunst
Artigianato	Håndværk
Attività	Aktivitet
Caccia	Jagt
Campeggio	Camping
Ceramica	Keramik
Cucire	Syning
Danza	Dans
Escursioni	Vandring
Fotografia	Fotografering
Giardinaggio	Havearbejde
Giochi	Spil
Lettura	Læsning
Magia	Magi
Pesca	Fiskeri
Piacere	Fornøjelse
Puzzle	Puslespil
Rilassamento	Afslapning
Tempo Libero	Fritid

Attività Commerciale
Forretning

Bilancio	Budget
Carriera	Karriere
Costo	Koste
Datore di Lavoro	Arbejdsgiver
Dipendente	Medarbejder
Economia	Økonomi
Fabbrica	Fabrik
Finanza	Finansiere
Investimento	Investering
Merce	Varer
Negozio	Butik
Profitto	Profit
Reddito	Indkomst
Sconto	Rabat
Società	Firma
Soldi	Penge
Transazione	Transaktion
Ufficio	Kontor
Valuta	Valuta
Vendita	Salg

Attività e Tempo Libero
Aktiviteter og Fritid

Arte	Kunst
Baseball	Baseball
Basket	Basketball
Boxe	Boksning
Calcio	Fodbold
Campeggio	Camping
Escursioni	Vandring
Giardinaggio	Havearbejde
Golf	Golf
Immersione	Dykning
Nuoto	Svømning
Pallavolo	Volleyball
Pesca	Fiskeri
Pittura	Maleri
Rilassante	Afslappende
Shopping	Shopping
Surf	Surfing
Tennis	Tennis
Viaggio	Rejse

Avventura
Eventyr

Amici	Venner
Attività	Aktivitet
Bellezza	Skønhed
Coraggio	Tapperhed
Destinazione	Destination
Difficoltà	Vanskelighed
Entusiasmo	Entusiasme
Escursione	Udflugt
Gioia	Glæde
Insolito	Usædvanlig
Itinerario	Rejseplan
Natura	Natur
Navigazione	Navigation
Nuovo	Ny
Opportunità	Mulighed
Pericoloso	Farlig
Preparazione	Forberedelse
Sfide	Udfordringer
Sicurezza	Sikkerhed
Viaggi	Rejser

Balletto
Ballet

Abilità	Færdighed
Applauso	Bifald
Artistico	Kunstnerisk
Ballerina	Ballerina
Ballerini	Dansere
Compositore	Komponist
Coreografia	Koreografi
Espressivo	Udtryksfulde
Gesto	Gestus
Grazioso	Yndefuld
Intensità	Intensitet
Muscoli	Muskler
Musica	Musik
Orchestra	Orkester
Pratica	Praksis
Prova	Generalprøve
Pubblico	Publikum
Ritmo	Rytme
Stile	Stil
Tecnica	Teknik

Barbecue
Grillninger

Caldo	Hed
Cena	Middag
Cibo	Mad
Cipolle	Løg
Coltelli	Knive
Estate	Sommer
Fame	Sult
Famiglia	Familie
Frutta	Frugt
Giochi	Spil
Griglia	Grill
Insalate	Salater
Invito	Invitation
Musica	Musik
Pepe	Peber
Pollo	Kylling
Pomodori	Tomater
Pranzo	Frokost
Sale	Salt
Salsa	Sauce

Bellezza
Skønhed

Colore	Farve
Cosmetici	Kosmetik
Elegante	Elegant
Eleganza	Elegance
Fascino	Charme
Forbici	Saks
Fotogenico	Fotogen
Fragranza	Duft
Grazia	Nåde
Liscio	Glat
Mascara	Mascara
Oli	Olier
Pelle	Hud
Prodotti	Produkter
Riccioli	Krøller
Rossetto	Læbestift
Shampoo	Shampoo
Specchio	Spejl
Stilista	Stylist
Trucco	Makeup

Biologia
Biologi

Anatomia	Anatomi
Batteri	Bakterie
Cellula	Celle
Collagene	Kollagen
Cromosoma	Kromosom
Embrione	Foster
Enzima	Enzym
Evoluzione	Udvikling
Fotosintesi	Fotosyntese
Mammifero	Pattedyr
Mutazione	Mutation
Naturale	Naturlig
Nervo	Nerve
Neurone	Neuron
Ormone	Hormon
Osmosi	Osmose
Proteina	Protein
Rettile	Krybdyr
Simbiosi	Symbiose
Sinapsi	Synapse

Campeggio
Camping

Alberi	Træer
Amaca	Hængekøje
Animali	Dyr
Avventura	Eventyr
Bussola	Kompas
Cabina	Kabine
Caccia	Jagt
Canoa	Kano
Cappello	Hat
Corda	Reb
Divertimento	Sjov
Foresta	Skov
Fuoco	Brand
Insetto	Insekt
Lago	Sø
Luna	Måne
Mappa	Kort
Montagna	Bjerg
Natura	Natur
Tenda	Telt

Casa
Hus

Attico	Loftsrum
Biblioteca	Bibliotek
Camera	Værelse
Camino	Pejs
Cucina	Køkken
Doccia	Bruser
Finestra	Vindue
Garage	Garage
Giardino	Have
Lampada	Lampe
Parete	Væg
Pavimento	Etage
Porta	Dør
Recinto	Hegn
Rubinetto	Vandhane
Scopa	Kost
Soffitto	Loft
Specchio	Spejl
Tappeto	Tæppe
Tetto	Tag

Chimica
Kemi

Acido	Syre
Alcalino	Alkalisk
Atomico	Atomar
Calore	Varme
Carbonio	Kulstof
Catalizzatore	Katalysator
Cloro	Klor
Elettrone	Elektron
Enzima	Enzym
Gas	Gas
Idrogeno	Brint
Ione	Ion
Liquido	Væske
Molecola	Molekyle
Nucleare	A
Organico	Økologisk
Ossigeno	Ilt
Peso	Vægt
Sale	Salt
Temperatura	Temperatur

Cibo #1
Mad #1

Aglio	Hvidløg
Basilico	Basilikum
Cannella	Kanel
Carne	Kød
Carota	Gulerod
Cipolla	Løg
Fragola	Jordbær
Insalata	Salat
Latte	Mælk
Limone	Citron
Menta	Mynte
Orzo	Byg
Pera	Pære
Rapa	Majroe
Sale	Salt
Spinaci	Spinat
Succo	Saft
Tonno	Tun
Torta	Kage
Zucchero	Sukker

Cibo #2
Mad #2

Banana	Banan
Broccolo	Broccoli
Ciliegia	Kirsebær
Cioccolato	Chokolade
Formaggio	Ost
Fungo	Svamp
Grano	Hvede
Kiwi	Kiwi
Mela	Æble
Melanzana	Aubergine
Pane	Brød
Pesce	Fisk
Pollo	Kylling
Pomodoro	Tomat
Prosciutto	Skinke
Riso	Ris
Sedano	Selleri
Uovo	Æg
Uva	Drue
Yogurt	Yoghurt

Cioccolato
Chokolade

Amaro	Bitter
Antiossidante	Antioxidant
Arachidi	Jordnødder
Aroma	Aroma
Brama	Trang
Cacao	Cacao
Calorie	Kalorier
Caramella	Slik
Caramello	Karamel
Delizioso	Lækker
Dolce	Sød
Esotico	Eksotisk
Gusto	Smag
Ingrediente	Ingrediens
Noce di Cocco	Kokosnød
Polvere	Pulver
Preferito	Favorit
Qualità	Kvalitet
Ricetta	Opskrift
Zucchero	Sukker

Città
By

Aeroporto	Lufthavn
Banca	Bank
Biblioteca	Bibliotek
Cinema	Biograf
Clinica	Klinik
Farmacia	Apotek
Galleria	Galleri
Hotel	Hotel
Libreria	Boghandel
Mercato	Marked
Museo	Museum
Negozio	Butik
Panetteria	Bageri
Ristorante	Restaurant
Scuola	Skole
Stadio	Stadion
Supermercato	Supermarked
Teatro	Teater
Università	Universitet
Zoo	Zoo

Colori
Farver

Arancia	Orange
Azzurro	Azur
Beige	Beige
Bianco	Hvid
Blu	Blå
Ciano	Cyan
Cremisi	Crimson
Fucsia	Fuchsia
Giallo	Gul
Grigio	Grå
Indaco	Indigo
Magenta	Magenta
Marrone	Brun
Nero	Sort
Rosa	Pink
Rosso	Rød
Seppia	Sepia
Verde	Grøn
Viola	Lilla

Conservazione
Bevaring

Acqua	Vand
Ambientale	Miljømæssig
Cambiamenti	Ændringer
Ciclo	Cyklus
Clima	Klima
Ecosistema	Økosystem
Educazione	Uddannelse
Habitat	Habitat
Inquinamento	Forurening
Naturale	Naturlig
Organico	Økologisk
Pesticida	Pesticid
Preoccupazione	Bekymring
Riciclare	Genbruge
Ridurre	Reducere
Salute	Sundhed
Sostenibile	Bæredygtig
Verde	Grøn
Volontario	Frivillig

Corpo Umano
Menneskekroppen

Bocca	Mund
Caviglia	Ankel
Cervello	Hjerne
Collo	Hals
Cuore	Hjerte
Dito	Finger
Faccia	Ansigt
Gamba	Ben
Ginocchio	Knæ
Gomito	Albue
Mano	Hånd
Mento	Hage
Naso	Næse
Occhio	Øje
Orecchio	Øre
Pelle	Hud
Sangue	Blod
Spalla	Skulder
Stomaco	Mave
Testa	Hoved

Creatività
Kreativitet

Abilità	Færdighed
Artistico	Kunstnerisk
Autenticità	Ægthed
Chiarezza	Klarhed
Drammatico	Dramatisk
Emozioni	Følelser
Espressione	Udtryk
Fluidità	Fluiditet
Idee	Ideer
Immaginazione	Fantasi
Immagine	Billede
Impressione	Indtryk
Intensità	Intensitet
Intuizione	Intuition
Inventivo	Opfindsom
Ispirazione	Inspiration
Sensazione	Sensation
Spontaneo	Spontan
Visioni	Visioner
Vitalità	Vitalitet

Cucina
Køkken

Bacchette	Spisepinde
Bollitore	Kedel
Brocca	Kande
Cibo	Mad
Ciotola	Skål
Coltelli	Knive
Congelatore	Fryser
Cucchiai	Skeer
Forchette	Gafler
Forno	Ovn
Frigorifero	Køleskab
Grembiule	Forklæde
Griglia	Grill
Mestolo	Slev
Ricetta	Opskrift
Spezie	Krydderier
Spugna	Svamp
Tazze	Kopper
Tovagliolo	Serviet
Vaso	Krukke

Diplomazia
Diplomati

Ambasciata	Ambassade
Ambasciatore	Ambassadør
Cittadini	Borgere
Civico	Civic
Comunità	Fællesskab
Conflitto	Konflikt
Consigliere	Rådgiver
Cooperazione	Samarbejde
Diplomatico	Diplomatisk
Discussione	Diskussion
Etica	Etik
Giustizia	Retfærdighed
Governo	Regering
Integrità	Integritet
Lingue	Sprog
Politica	Politik
Sicurezza	Sikkerhed
Soluzione	Løsning
Trattato	Traktat
Umanitario	Humanitær

Discipline Scientifiche
Videnskabelige Disciplin

Anatomia	Anatomi
Archeologia	Arkæologi
Astronomia	Astronomi
Biochimica	Biokemi
Biologia	Biologi
Botanica	Botanik
Chimica	Kemi
Ecologia	Økologi
Fisiologia	Fysiologi
Geologia	Geologi
Immunologia	Immunologi
Linguistica	Lingvistik
Meccanica	Mekanik
Meteorologia	Meteorologi
Mineralogia	Mineralogi
Neurologia	Neurologi
Psicologia	Psykologi
Sociologia	Sociologi
Termodinamica	Termodynamik
Zoologia	Zoologi

Ecologia
Økologi

Clima	Klima
Comunità	Fællesskaber
Diversità	Mangfoldighed
Fauna	Fauna
Flora	Flora
Globale	Global
Habitat	Habitat
Marino	Marine
Montagne	Bjerge
Natura	Natur
Naturale	Naturlig
Palude	Mose
Piante	Planter
Risorse	Ressourcer
Siccità	Tørke
Sopravvivenza	Overlevelse
Sostenibile	Bæredygtig
Specie	Art
Vegetazione	Vegetation
Volontari	Frivillige

Edifici
Bygninger

Ambasciata	Ambassade
Appartamento	Lejlighed
Cabina	Kabine
Castello	Slot
Cinema	Biograf
Fabbrica	Fabrik
Fienile	Lade
Hotel	Hotel
Laboratorio	Laboratorium
Museo	Museum
Ospedale	Hospital
Osservatorio	Observatorium
Ostello	Hostel
Scuola	Skole
Stadio	Stadion
Supermercato	Supermarked
Teatro	Teater
Tenda	Telt
Torre	Tårn
Università	Universitet

Emozioni
Følelser

Amore	Kærlighed
Beatitudine	Lyksalighed
Calma	Rolig
Contenuto	Indhold
Gentilezza	Venlighed
Gioia	Glæde
Grato	Taknemmelig
Imbarazzato	Flov
Noia	Kedsomhed
Pace	Fred
Paura	Frygt
Rabbia	Vrede
Rilassato	Afslappet
Rilievo	Relief
Simpatia	Sympati
Soddisfatto	Tilfreds
Sorpresa	Overraskelse
Tenerezza	Ømhed
Tranquillità	Ro
Tristezza	Sorg

Energia
Energi

Ambiente	Miljø
Batteria	Batteri
Benzina	Benzin
Calore	Varme
Carbonio	Kulstof
Carburante	Brændstof
Diesel	Diesel
Elettrico	Elektrisk
Elettrone	Elektron
Entropia	Entropi
Fotone	Foton
Idrogeno	Brint
Industria	Industri
Inquinamento	Forurening
Motore	Motor
Nucleare	A
Rinnovabile	Fornyelig
Turbina	Turbine
Vapore	Damp
Vento	Vind

Erboristeria
Herbalisme

Aglio	Hvidløg
Aneto	Dild
Aromatico	Aromatisk
Basilico	Basilikum
Culinario	Kulinarisk
Dragoncello	Estragon
Finocchio	Fennikel
Fiore	Blomst
Giardino	Have
Ingrediente	Ingrediens
Lavanda	Lavendel
Maggiorana	Merian
Menta	Mynte
Origano	Oregano
Prezzemolo	Persille
Qualità	Kvalitet
Rosmarino	Rosmarin
Timo	Timian
Verde	Grøn
Zafferano	Saffron

Escursionismo
Vandreture

Acqua	Vand
Animali	Dyr
Campeggio	Camping
Clima	Klima
Mappa	Kort
Montagna	Bjerg
Natura	Natur
Orientamento	Orientering
Parchi	Parker
Pericoli	Farer
Pesante	Tung
Pietre	Sten
Preparazione	Forberedelse
Scogliera	Klint
Selvaggio	Vild
Sole	Sol
Stanco	Træt
Stivali	Støvler
Vertice	Topmøde
Zanzare	Myg

Famiglia
Familie

Antenato	Forfader
Bambini	Børn
Bambino	Barn
Cugino	Fætter
Figlia	Datter
Fratello	Bror
Gemelli	Tvillinger
Infanzia	Barndom
Madre	Mor
Marito	Mand
Materno	Mødres
Moglie	Kone
Nipote	Nevø
Nonna	Bedstemor
Nonno	Bedstefar
Padre	Far
Paterno	Faderlig
Sorella	Søster
Zia	Tante
Zio	Onkel

Fantascienza
Science Fiction

Atomico	Atomar
Cinema	Biograf
Distopia	Dystopi
Esplosione	Eksplosion
Estremo	Ekstrem
Fantastico	Fantastisk
Fuoco	Brand
Futuristico	Futuristisk
Galassia	Galakse
Illusione	Illusion
Immaginario	Imaginær
Libri	Bøger
Misterioso	Mystisk
Mondo	Verden
Oracolo	Oracle
Pianeta	Planet
Realistico	Realistisk
Robot	Robotter
Tecnologia	Teknologi
Utopia	Utopi

Fattoria #1
Bondegård #1

Acqua	Vand
Agricoltura	Landbrug
Ape	Bi
Asino	Æsel
Campo	Mark
Cane	Hund
Capra	Ged
Cavallo	Hest
Fertilizzante	Gødning
Fieno	Hø
Gatto	Kat
Gregge	Flok
Maiale	Svin
Miele	Honning
Mucca	Ko
Pollo	Kylling
Recinto	Hegn
Riso	Ris
Semi	Frø
Vitello	Kalv

Fattoria #2
Bondegård #2

Agnello	Lam
Agricoltore	Landmand
Alveare	Bikube
Anatra	And
Animali	Dyr
Cibo	Mad
Fienile	Lade
Frutta	Frugt
Frutteto	Frugthave
Grano	Hvede
Irrigazione	Kunstvanding
Lama	Lama
Latte	Mælk
Mais	Majs
Oche	Gæs
Orzo	Byg
Pastore	Hyrde
Pecora	Får
Prato	Eng
Trattore	Traktor

Filantropia
Filantropi

Bambini	Børn
Bisogno	Behov
Carità	Velgørenhed
Comunità	Fællesskab
Contatti	Kontakter
Donare	Donere
Finanza	Finansiere
Fondi	Midler
Generosità	Generøsitet
Gioventù	Ungdom
Globale	Global
Gruppi	Grupper
Missione	Mission
Obiettivi	Mål
Onestà	Ærlighed
Persone	Mennesker
Programmi	Programmer
Pubblico	Offentlig
Sfide	Udfordringer
Storia	Historie

Fiori
Blomster

Gardenia	Gardenia
Gelsomino	Jasmin
Giglio	Lilje
Girasole	Solsikke
Ibisco	Hibiscus
Lavanda	Lavendel
Lilla	Lilla
Magnolia	Magnolia
Margherita	Daisy
Mazzo	Buket
Narciso	Påskelilje
Orchidea	Orkide
Papavero	Valmue
Passiflora	Passionflower
Peonia	Pæon
Petalo	Kronblad
Plumeria	Plumeria
Rosa	Rose
Trifoglio	Kløver
Tulipano	Tulipan

Fisica
Fysik

Accelerazione	Acceleration
Atomo	Atom
Caos	Kaos
Chimico	Kemisk
Densità	Tæthed
Elettrone	Elektron
Espansione	Udvidelse
Formula	Formel
Frequenza	Frekvens
Gas	Gas
Gravità	Tyngdekraft
Magnetismo	Magnetisme
Meccanica	Mekanik
Molecola	Molekyle
Motore	Motor
Nucleare	A
Particella	Partikel
Universale	Universel
Variabile	Variabel
Velocità	Hastighed

Forme
Former

Angolo	Hjørne
Arco	Bue
Bordi	Kanter
Cerchio	Cirkel
Cilindro	Cylinder
Cono	Kegle
Cubo	Terning
Curva	Kurve
Ellisse	Ellipse
Iperbole	Hyperbola
Lato	Side
Linea	Linje
Ovale	Oval
Piramide	Pyramide
Poligono	Polygon
Prisma	Prisme
Quadrato	Firkant
Rettangolo	Rektangel
Sfera	Sfære
Triangolo	Trekant

Forniture Artistiche
Kunst Forsyninger

Acqua	Vand
Acquerelli	Akvareller
Acrilico	Akryl
Argilla	Ler
Carbone	Trækul
Carta	Papir
Cavalletto	Staffeli
Colla	Lim
Colori	Farver
Creatività	Kreativitet
Gomma	Viskelæder
Idee	Ideer
Inchiostro	Blæk
Matite	Blyanter
Olio	Olie
Pastelli	Pasteller
Sedia	Stol
Spazzole	Børster
Tavolo	Tabel
Telecamera	Kamera

Forza e Gravità
Kraft og Tyngdekraft

Asse	Akse
Attrito	Friktion
Centro	Center
Dinamico	Dynamisk
Distanza	Afstand
Espansione	Udvidelse
Fisica	Fysik
Magnetismo	Magnetisme
Meccanica	Mekanik
Movimento	Bevægelse
Orbita	Kredsløb
Peso	Vægt
Pianeti	Planeter
Pressione	Tryk
Proprietà	Ejendomme
Scoperta	Opdagelse
Slancio	Momentum
Tempo	Tid
Universale	Universel
Velocità	Hastighed

Frutta
Frugt

Albicocca	Abrikos
Ananas	Ananas
Arancia	Orange
Avocado	Avocado
Bacca	Bær
Banana	Banan
Ciliegia	Kirsebær
Kiwi	Kiwi
Lampone	Hindbær
Limone	Citron
Mango	Mango
Mela	Æble
Melone	Melon
Mora	Brombær
Nettarina	Nektarin
Papaia	Papaya
Pera	Pære
Pesca	Fersken
Prugna	Blomme
Uva	Drue

Geografia
Geografi

Altitudine	Højde
Atlante	Atlas
Città	By
Continente	Kontinent
Emisfero	Halvkugle
Fiume	Flod
Isola	Ø
Latitudine	Breddegrad
Longitudine	Længde
Mappa	Kort
Mare	Hav
Meridiano	Meridian
Mondo	Verden
Montagna	Bjerg
Nord	Nord
Ovest	Vest
Paese	Land
Regione	Region
Sud	Syd
Territorio	Territorium

Geologia
Geologi

Acido	Syre
Altopiano	Plateau
Calcio	Calcium
Caverna	Hule
Continente	Kontinent
Corallo	Koral
Cristalli	Krystaller
Erosione	Erosion
Fossile	Fossil
Geyser	Gejser
Lava	Lava
Minerali	Mineraler
Pietra	Sten
Quarzo	Kvarts
Sale	Salt
Stalagmiti	Stalagmitter
Stalattite	Stalaktit
Strato	Lag
Terremoto	Jordskælv
Vulcano	Vulkan

Geometria
Geometri

Altezza	Højde
Angolo	Vinkel
Calcolo	Beregning
Cerchio	Cirkel
Curva	Kurve
Diametro	Diameter
Dimensione	Dimension
Equazione	Ligning
Logica	Logik
Mediano	Median
Numero	Nummer
Orizzontale	Vandret
Parallelo	Parallel
Proporzione	Andel
Segmento	Segment
Simmetria	Symmetri
Superficie	Overflade
Teoria	Teori
Triangolo	Trekant
Verticale	Lodret

Giardinaggio
Havearbejde

Acqua	Vand
Botanico	Botanisk
Clima	Klima
Commestibile	Spiselig
Compost	Kompost
Contenitore	Beholder
Esotico	Eksotisk
Fiorire	Blomst
Floreale	Blomster
Foglia	Blad
Fogliame	Løv
Frutteto	Frugthave
Mazzo	Buket
Semi	Frø
Specie	Art
Sporco	Smuds
Stagionale	Sæsonbestemt
Suolo	Jord
Tubo	Slange
Umidità	Fugt

Giardino
Have

Albero	Træ
Amaca	Hængekøje
Cespuglio	Busk
Erba	Græs
Erbacce	Ukrudt
Fiore	Blomst
Frutteto	Frugthave
Garage	Garage
Giardino	Have
Pala	Skovl
Panca	Bænk
Prato	Græsplæne
Rastrello	Rive
Recinto	Hegn
Stagno	Dam
Suolo	Jord
Terrazza	Terrasse
Trampolino	Trampolin
Tubo	Slange
Vite	Vinstok

Giorni e Mesi
Dage og Måneder

Agosto	August
Anno	År
Aprile	April
Calendario	Kalender
Dicembre	December
Domenica	Søndag
Febbraio	Februar
Gennaio	Januar
Giugno	Juni
Luglio	Juli
Lunedì	Mandag
Martedì	Tirsdag
Mercoledì	Onsdag
Mese	Måned
Novembre	November
Ottobre	Oktober
Sabato	Lørdag
Settembre	September
Settimana	Uge
Venerdì	Fredag

Governo
Regeringen

Capo	Leder
Cittadinanza	Borgerskab
Civile	Civil
Costituzione	Forfatning
Democrazia	Demokrati
Discorso	Tale
Discussione	Diskussion
Giudiziario	Retlig
Giustizia	Retfærdighed
Indipendenza	Uafhængighed
Legge	Lov
Libertà	Frihed
Monumento	Monument
Nazionale	National
Nazione	Nation
Politica	Politik
Quartiere	Distrikt
Simbolo	Symbol
Stato	Stat
Uguaglianza	Lighed

Guida
Kørsel

Auto	Bil
Autobus	Bus
Carburante	Brændstof
Freni	Bremser
Garage	Garage
Gas	Gas
Incidente	Ulykke
Licenza	Licens
Mappa	Kort
Moto	Motorcykel
Motore	Motor
Pedonale	Fodgænger
Pericolo	Fare
Polizia	Politi
Sicurezza	Sikkerhed
Strada	Vej
Traffico	Trafik
Trasporto	Transport
Tunnel	Tunnel
Velocità	Hastighed

I Media
Medierne

Atteggiamenti	Holdninger
Commerciale	Kommerciel
Comunicazione	Kommunikation
Digitale	Digital
Edizione	Udgave
Educazione	Uddannelse
Fatti	Fakta
Finanziamento	Finansiering
Foto	Billeder
Giornali	Aviser
Individuale	Individuel
Industria	Industri
Intellettuale	Intellektuel
Locale	Lokal
Online	Online
Opinione	Mening
Pubblico	Offentlig
Radio	Radio
Rete	Netværk
Televisione	Television

Imbarcazioni
Både

Albero	Mast
Ancora	Anker
Barca a Vela	Sejlbåd
Boa	Bøje
Canoa	Kano
Corda	Reb
Equipaggio	Mandskab
Fiume	Flod
Kayak	Kajak
Lago	Sø
Mare	Hav
Marea	Tidevand
Marinaio	Sømand
Motore	Motor
Nautico	Nautisk
Oceano	Ocean
Onde	Bølger
Traghetto	Færge
Yacht	Yacht
Zattera	Tømmerflåde

Ingegneria
Ingeniørarbejde

Angolo	Vinkel
Asse	Akse
Calcolo	Beregning
Costruzione	Konstruktion
Diagramma	Diagram
Diametro	Diameter
Diesel	Diesel
Distribuzione	Distribution
Energia	Energi
Forza	Styrke
Ingranaggi	Gear
Liquido	Væske
Macchina	Maskine
Misurazione	Måling
Motore	Motor
Profondità	Dybde
Propulsione	Fremdrift
Rotazione	Rotation
Stabilità	Stabilitet
Struttura	Struktur

Jazz
Jazz

Album	Album
Applauso	Bifald
Artista	Kunstner
Canzone	Sang
Compositore	Komponist
Composizione	Sammensætning
Concerto	Koncert
Enfasi	Vægt
Famoso	Berømt
Genere	Genre
Improvvisazione	Improvisation
Musica	Musik
Nuovo	Ny
Orchestra	Orkester
Preferiti	Favoriter
Ritmo	Rytme
Stile	Stil
Talento	Talent
Tecnica	Teknik
Vecchio	Gammel

L'Azienda
Virksomheden

Creativo	Kreativ
Decisione	Beslutning
Globale	Global
Industria	Industri
Innovativo	Innovativ
Investimento	Investering
Occupazione	Beskæftigelse
Possibilità	Mulighed
Presentazione	Præsentation
Prodotto	Produkt
Professionale	Professionel
Progresso	Fremskridt
Qualità	Kvalitet
Reddito	Indtægt
Reputazione	Ry
Rischi	Risici
Risorse	Ressourcer
Salari	Lønninger
Tendenze	Tendenser
Unità	Enheder

Letteratura
Litteratur

Analisi	Analyse
Analogia	Analogi
Aneddoto	Anekdote
Autore	Forfatter
Biografia	Biografi
Conclusione	Konklusion
Confronto	Sammenligning
Descrizione	Beskrivelse
Dialogo	Dialog
Genere	Genre
Metafora	Metafor
Opinione	Mening
Poesia	Digt
Poetico	Poetisk
Rima	Rim
Ritmo	Rytme
Romanzo	Roman
Stile	Stil
Tema	Tema
Tragedia	Tragedie

Libri
Bøger

Autore	Forfatter
Avventura	Eventyr
Collezione	Samling
Contesto	Kontekst
Dualità	Dualitet
Epico	Episk
Inventivo	Opfindsom
Letterario	Litterær
Lettore	Læser
Narratore	Fortæller
Pagina	Side
Poesia	Poesi
Rilevante	Relevant
Romanzo	Roman
Scritto	Skrivet
Serie	Serie
Storia	Historie
Storico	Historisk
Tragico	Tragisk
Umoristico	Humoristisk

Malattia
Sygdom

Acuto	Akut
Addominale	Abdominal
Allergie	Allergier
Benessere	Wellness
Contagioso	Smitsom
Corpo	Legeme
Cronico	Kronisk
Cuore	Hjerte
Debole	Svag
Ereditario	Arvelig
Genetico	Genetisk
Immunità	Immunitet
Infiammazione	Betændelse
Lombare	Lumbal
Neuropatia	Neuropati
Polmonare	Pulmonal
Respiratorio	Luftveje
Salute	Sundhed
Sindrome	Syndrom
Terapia	Terapi

Mammiferi
Pattedyr

Balena	Hval
Cane	Hund
Canguro	Kænguru
Cavallo	Hest
Cervo	Hjort
Coniglio	Kanin
Coyote	Prærieulv
Delfino	Delfin
Elefante	Elefant
Gatto	Kat
Giraffa	Giraf
Gorilla	Gorilla
Leone	Løve
Lupo	Ulv
Orso	Bære
Pecora	Får
Scimmia	Abe
Toro	Tyr
Volpe	Ræv
Zebra	Zebra

Matematica
Matematik

Angoli	Vinkler
Aritmetica	Aritmetik
Circonferenza	Omkreds
Decimale	Decimal
Diametro	Diameter
Divisione	Division
Equazione	Ligning
Esponente	Eksponent
Frazione	Brøk
Geometria	Geometri
Parallelo	Parallel
Parallelogramma	Parallelogram
Poligono	Polygon
Quadrato	Firkant
Raggio	Radius
Rettangolo	Rektangel
Sfera	Sfære
Simmetria	Symmetri
Somma	Sum
Triangolo	Trekant

Meditazione
Meditation

Abitudini	Vaner
Accettazione	Accept
Attenzione	Opmærksomhed
Calma	Rolig
Chiarezza	Klarhed
Compassione	Medfølelse
Emozioni	Følelser
Felicità	Lykke
Gentilezza	Venlighed
Mentale	Mental
Mente	Sind
Movimento	Bevægelse
Musica	Musik
Natura	Natur
Osservazione	Observation
Pace	Fred
Pensieri	Tanker
Prospettiva	Perspektiv
Respirazione	Vejrtrækning
Silenzio	Stilhed

Meteo
Vejret

Arcobaleno	Regnbue
Asciutto	Tør
Atmosfera	Atmosfære
Brezza	Brise
Cielo	Himmel
Clima	Klima
Fulmine	Lyn
Ghiaccio	Is
Monsone	Monsun
Nebbia	Tåge
Nube	Sky
Polare	Polar
Siccità	Tørke
Temperatura	Temperatur
Tempesta	Storm
Tornado	Tornado
Tropicale	Tropisk
Tuono	Torden
Uragano	Orkan
Vento	Vind

Misurazioni
Målinger

Altezza	Højde
Byte	Byte
Centimetro	Centimeter
Chilogrammo	Kilogram
Chilometro	Kilometer
Decimale	Decimal
Grado	Grad
Grammo	Gram
Larghezza	Bredde
Litro	Liter
Lunghezza	Længde
Massa	Masse
Metro	Meter
Minuto	Minut
Oncia	Ounce
Peso	Vægt
Pinta	Pint
Pollice	Tomme
Profondità	Dybde
Tonnellata	Ton

Mitologia
Mytologi

Archetipo	Arketype
Comportamento	Adfærd
Creatura	Væsen
Creazione	Skabelse
Cultura	Kultur
Disastro	Katastrofe
Divinità	Guder
Eroe	Helt
Forza	Styrke
Fulmine	Lyn
Gelosia	Jalousi
Guerriero	Kriger
Immortalità	Udødelighed
Labirinto	Labyrint
Leggenda	Sagn
Magico	Magisk
Mortale	Dødelig
Mostro	Uhyre
Tuono	Torden
Vendetta	Hævn

Moda
Mode

Abbigliamento	Tøj
Boutique	Boutique
Caro	Dyrt
Confortevole	Komfortabel
Elegante	Elegant
Minimalista	Minimalistisk
Modello	Mønster
Moderno	Moderne
Modesto	Beskeden
Originale	Original
Pizzo	Blond
Pratico	Praktisk
Pulsanti	Knapper
Ricamo	Broderi
Semplice	Simpel
Sofisticato	Sofistikeret
Stile	Stil
Tendenza	Trend
Tessuto	Stof
Trama	Tekstur

Musica
Musik

Album	Album
Armonia	Harmoni
Armonico	Harmonisk
Ballata	Ballade
Cantante	Sanger
Cantare	Synge
Classico	Klassisk
Coro	Kor
Lirico	Lyrisk
Melodia	Melodi
Microfono	Mikrofon
Musicale	Musikalsk
Musicista	Musiker
Opera	Opera
Poetico	Poetisk
Registrazione	Indspilning
Ritmico	Rytmisk
Ritmo	Rytme
Strumento	Instrument
Vocale	Vokal

Numeri
Tal

Cinque	Fem
Decimale	Decimal
Diciannove	Nitten
Diciassette	Sytten
Diciotto	Atten
Dieci	Ti
Dodici	Tolv
Due	To
Nove	Ni
Otto	Otte
Quattordici	Fjorten
Quattro	Fire
Quindici	Femten
Sedici	Seksten
Sei	Seks
Sette	Syv
Tre	Tre
Tredici	Tretten
Venti	Tyve
Zero	Nul

Nutrizione
Ernæring

Amaro	Bitter
Appetito	Appetit
Bilanciato	Afbalanceret
Calorie	Kalorier
Carboidrati	Kulhydrater
Commestibile	Spiselig
Dieta	Kost
Digestione	Fordøjelse
Fermentazione	Gæring
Liquidi	Væsker
Nutriente	Næringsstof
Peso	Vægt
Proteine	Proteiner
Qualità	Kvalitet
Salsa	Sauce
Salute	Sundhed
Sano	Sund
Spezie	Krydderier
Tossina	Toksin
Vitamina	Vitamin

Oceano
Ocean

Anguilla	Ål
Balena	Hval
Barca	Båd
Corallo	Koral
Delfino	Delfin
Gamberetto	Reje
Granchio	Krabbe
Maree	Tidevand
Medusa	Vandmand
Onde	Bølger
Ostrica	Østers
Pesce	Fisk
Polpo	Blæksprutte
Sale	Salt
Scogliera	Rev
Spugna	Svamp
Squalo	Haj
Tartaruga	Skildpadde
Tempesta	Storm
Tonno	Tun

Paesaggi
Landskaber

Cascata	Vandfald
Collina	Bakke
Deserto	Ørken
Fiume	Flod
Geyser	Gejser
Ghiacciaio	Gletsjer
Grotta	Hule
Iceberg	Isbjerg
Isola	Ø
Lago	Sø
Mare	Hav
Montagna	Bjerg
Oasi	Oase
Oceano	Ocean
Palude	Sump
Penisola	Halvø
Spiaggia	Strand
Tundra	Tundra
Valle	Dal
Vulcano	Vulkan

Paesi #1
Lande #1

Brasile	Brasilien
Cambogia	Cambodja
Canada	Canada
Egitto	Egypten
Finlandia	Finland
Germania	Tyskland
India	Indien
Iraq	Irak
Israele	Israel
Libia	Libyen
Mali	Mali
Marocco	Marokko
Norvegia	Norge
Panama	Panama
Polonia	Polen
Romania	Rumænien
Senegal	Senegal
Spagna	Spanien
Venezuela	Venezuela
Vietnam	Vietnam

Paesi #2
Lande #2

Albania	Albanien
Danimarca	Danmark
Etiopia	Etiopien
Giamaica	Jamaica
Giappone	Japan
Grecia	Grækenland
Haiti	Haiti
Indonesia	Indonesien
Irlanda	Irland
Laos	Laos
Liberia	Liberia
Messico	Mexico
Nepal	Nepal
Nigeria	Nigeria
Pakistan	Pakistan
Russia	Rusland
Siria	Syrien
Sudan	Sudan
Ucraina	Ukraine
Uganda	Uganda

Piante
Planter

Albero	Træ
Bacca	Bær
Bambù	Bambus
Botanica	Botanik
Cactus	Kaktus
Cespuglio	Busk
Crescere	Vokse
Edera	Vedbend
Erba	Græs
Fagiolo	Bønne
Fertilizzante	Gødning
Fiore	Blomst
Flora	Flora
Fogliame	Løv
Foresta	Skov
Giardino	Have
Muschio	Mos
Petalo	Kronblad
Radice	Rod
Vegetazione	Vegetation

Professioni #1
Erhverv #1

Allenatore	Træner
Ambasciatore	Ambassadør
Artista	Kunstner
Astronomo	Astronom
Avvocato	Advokat
Ballerino	Danser
Banchiere	Bankmand
Cacciatore	Jæger
Cartografo	Kartograf
Editore	Redaktør
Farmacista	Farmaceut
Geologo	Geolog
Gioielliere	Guldsmed
Idraulico	Blikkenslager
Infermiera	Sygeplejerske
Marinaio	Sømand
Musicista	Musiker
Pianista	Pianist
Psicologo	Psykolog
Veterinario	Dyrlæge

Professioni #2

Erhverv #2

Astronauta	Astronaut
Bibliotecario	Bibliotekar
Biologo	Biolog
Chirurgo	Kirurg
Dentista	Tandlæge
Filosofo	Filosof
Fotografo	Fotograf
Giardiniere	Gartner
Giornalista	Journalist
Illustratore	Illustrator
Ingegnere	Ingeniør
Insegnante	Lærer
Inventore	Opfinder
Investigatore	Investigator
Linguista	Lingvist
Medico	Læge
Pilota	Pilot
Pittore	Maler
Ricercatore	Forsker
Zoologo	Zoolog

Psicologia

Psykologi

Appuntamento	Aftale
Clinico	Klinisk
Cognizione	Kognition
Comportamento	Adfærd
Conflitto	Konflikt
Ego	Ego
Emozioni	Følelser
Esperienze	Erfaringer
Idee	Ideer
Inconscio	Bevidstløs
Infanzia	Barndom
Pensieri	Tanker
Percezione	Opfattelse
Personalità	Personlighed
Problema	Problem
Realtà	Virkelighed
Sensazione	Sensation
Subconscio	Underbevidst
Terapia	Terapi
Valutazione	Vurdering

Riscaldamento Globale

Global Opvarmning

Ambientale	Miljømæssig
Artico	Arktisk
Attenzione	Opmærksomhed
Clima	Klima
Conseguenze	Konsekvenser
Crisi	Krise
Dati	Data
Energia	Energi
Futuro	Fremtid
Gas	Gas
Generazioni	Generationer
Governo	Regering
Habitat	Levesteder
Industria	Industri
Internazionale	International
Legislazione	Lovgivning
Ora	Nu
Popolazioni	Befolkninger
Sviluppo	Udvikling
Temperature	Temperaturer

Salute e Benessere #1

Sundhed og Velvære #1

Abitudine	Vane
Altezza	Højde
Attivo	Aktiv
Batteri	Bakterie
Clinica	Klinik
Fame	Sult
Farmacia	Apotek
Frattura	Fraktur
Medicina	Medicin
Medico	Læge
Muscoli	Muskler
Nervi	Nerver
Ormoni	Hormoner
Ossa	Knogler
Pelle	Hud
Riflesso	Refleks
Rilassamento	Afslapning
Terapia	Terapi
Trattamento	Behandling
Virus	Virus

Salute e Benessere #2

Sundhed og Velvære #2

Allergia	Allergi
Anatomia	Anatomi
Appetito	Appetit
Caloria	Kalorie
Corpo	Legeme
Dieta	Kost
Digestione	Fordøjelse
Disidratazione	Dehydrering
Energia	Energi
Genetica	Genetik
Igiene	Hygiejne
Infezione	Infektion
Malattia	Sygdom
Massaggio	Massage
Nutrizione	Ernæring
Ospedale	Hospital
Peso	Vægt
Sangue	Blod
Sano	Sund
Vitamina	Vitamin

Scienza

Videnskab

Atomo	Atom
Chimico	Kemisk
Clima	Klima
Dati	Data
Esperimento	Eksperiment
Evoluzione	Udvikling
Fatto	Faktum
Fisica	Fysik
Fossile	Fossil
Gravità	Tyngdekraft
Ipotesi	Hypotese
Laboratorio	Laboratorium
Metodo	Metode
Minerali	Mineraler
Molecole	Molekyler
Natura	Natur
Organismo	Organisme
Osservazione	Observation
Particelle	Partikler
Piante	Planter

Spezie
Krydderier

Aglio	Hvidløg
Amaro	Bitter
Anice	Anis
Cannella	Kanel
Cardamomo	Kardemomme
Cipolla	Løg
Coriandolo	Koriander
Cumino	Spidskommen
Curcuma	Gurkemeje
Curry	Karry
Dolce	Sød
Finocchio	Fennikel
Liquirizia	Lakrids
Noce Moscata	Muskatnød
Paprika	Paprika
Pepe	Peber
Sale	Salt
Vaniglia	Vanilje
Zafferano	Saffron
Zenzero	Ingefær

Strumenti Musicali
Musikinstrumenter

Armonica	Harmonika
Arpa	Harpe
Banjo	Banjo
Chitarra	Guitar
Clarinetto	Klarinet
Fagotto	Fagot
Flauto	Fløjte
Gong	Gong
Mandolino	Mandolin
Marimba	Marimba
Oboe	Obo
Percussione	Perkussion
Pianoforte	Klaver
Sassofono	Saxofon
Tamburello	Tamburin
Tamburo	Tromme
Tromba	Trompet
Trombone	Basun
Violino	Violin
Violoncello	Cello

Tempo
Tid

Anno	År
Annuale	Årlig
Calendario	Kalender
Decennio	Årti
Dopo	Efter
Futuro	Fremtid
Giorno	Dag
Ieri	I Går
Mattina	Morgen
Mese	Måned
Mezzogiorno	Middag
Minuto	Minut
Notte	Nat
Oggi	I Dag
Ora	Time
Orologio	Ur
Presto	Snart
Prima	Før
Secolo	Århundrede
Settimana	Uge

Tipi di Capelli
Hår Typer

Argento	Sølv
Asciutto	Tør
Bianco	Hvid
Biondo	Blond
Breve	Kort
Calvo	Skaldet
Colorato	Farvet
Grigio	Grå
Intrecciato	Flettet
Liscio	Glat
Lungo	Lang
Marrone	Brun
Morbido	Blød
Nero	Sort
Riccio	Krøllet
Riccioli	Krøller
Sano	Sund
Sottile	Tynd
Spessore	Tyk
Trecce	Fletninger

Uccelli
Fugle

Airone	Hejre
Anatra	And
Aquila	Ørn
Cicogna	Stork
Cigno	Svane
Cuculo	Gøg
Falco	Høg
Fenicottero	Flamingo
Gabbiano	Måge
Oca	Gås
Pappagallo	Papegøje
Passero	Spurv
Pavone	Påfugl
Pellicano	Pelikan
Piccione	Due
Pinguino	Pingvin
Pollo	Kylling
Struzzo	Struds
Tucano	Toucan
Uovo	Æg

Universo
Univers

Asteroide	Asteroide
Astronomia	Astronomi
Astronomo	Astronom
Atmosfera	Atmosfære
Buio	Mørke
Celeste	Himmelsk
Cielo	Himmel
Cosmico	Kosmisk
Emisfero	Halvkugle
Galassia	Galakse
Latitudine	Breddegrad
Longitudine	Længde
Luna	Måne
Orbita	Kredsløb
Orizzonte	Horisont
Solare	Sol
Solstizio	Solhverv
Telescopio	Teleskop
Visibile	Synlig
Zodiaco	Zodiac

Vacanze #2
Ferie #2

Aeroporto	Lufthavn
Campeggio	Camping
Destinazione	Destination
Foto	Billeder
Hotel	Hotel
Isola	Ø
Mappa	Kort
Mare	Hav
Passaporto	Pas
Ristorante	Restaurant
Spiaggia	Strand
Straniero	Udlænding
Taxi	Taxa
Tempo Libero	Fritid
Tenda	Telt
Trasporto	Transport
Treno	Tog
Vacanza	Ferie
Viaggio	Rejse
Visto	Visum

Veicoli
Køretøjer

Aereo	Fly
Ambulanza	Ambulance
Auto	Bil
Autobus	Bus
Barca	Båd
Bicicletta	Cykel
Camion	Lastbil
Caravan	Campingvogn
Elicottero	Helikopter
Motore	Motor
Navetta	Shuttle
Pneumatici	Dæk
Razzo	Raket
Scooter	Scooter
Sottomarino	Ubåd
Taxi	Taxa
Traghetto	Færge
Trattore	Traktor
Treno	Tog
Zattera	Tømmerflåde

Verdure
Grøntsager

Aglio	Hvidløg
Broccolo	Broccoli
Carciofo	Artiskok
Carota	Gulerod
Cetriolo	Agurk
Cipolla	Løg
Fungo	Svamp
Insalata	Salat
Melanzana	Aubergine
Patata	Kartoffel
Pisello	Ært
Pomodoro	Tomat
Prezzemolo	Persille
Rapa	Majroe
Ravanello	Radise
Scalogno	Skalotteløg
Sedano	Selleri
Spinaci	Spinat
Zenzero	Ingefær
Zucca	Græskar

Vestiti
Tøj

Abito	Kjole
Braccialetto	Armbånd
Camicetta	Bluse
Camicia	Skjorte
Cappello	Hat
Cappotto	Frakke
Cintura	Bælte
Collana	Halskæde
Giacca	Jakke
Gonna	Nederdel
Grembiule	Forklæde
Guanti	Handsker
Jeans	Jeans
Maglione	Sweater
Moda	Mode
Pantaloni	Bukser
Pigiama	Pyjamas
Sandali	Sandaler
Scarpa	Sko
Sciarpa	Tørklæde

Congratulazioni

Ce l'hai fatta!

Speriamo che questo libro vi sia piaciuto tanto quanto a noi è piaciuto concepirlo. Ci sforziamo di creare libri della più alta qualità possibile.
Questa edizione è progettata per fornire un apprendimento intelligente, di qualità e divertente!

Le è piaciuto questo libro?

Una Semplice Richiesta

Questi libri esistono grazie alle recensioni che pubblicate.

Puoi aiutarci lasciando una recensione
ora a questo link ?

BestBooksActivity.com/Recensioni50

SFIDA FINALE!

Sfida n°1

Sei pronto per il tuo gioco gratuito? Li usiamo sempre, ma non sono così facili da trovare - ecco i Sinonimi!
Scrivi 5 parole che hai trovato nei puzzle (n° 21, n° 36, n° 76) e prova a trovare 2 sinonimi per ogni parola.

Scrivi 5 parole del ***Puzzle 21***

Parole	Sinonimo 1	Sinonimo 2

Scrivi 5 parole del ***Puzzle 36***

Parole	Sinonimo 1	Sinonimo 2

Scrivi 5 parole del ***Puzzle 76***

Parole	Sinonimo 1	Sinonimo 2

Sfida n°2

Ora che ti sei riscaldato, scrivi 5 parole che hai trovato nei puzzle n° 9, n° 17 e n° 25 e cerca di trovare 2 contrari per ogni parola. Quanti ne puoi trovare in 20 minuti?

Scrivi 5 parole del ***Puzzle 9***

Parole	Antonimo 1	Antonimo 2

Scrivi 5 parole del ***Puzzle 17***

Parole	Antonimo 1	Antonimo 2

Scrivi 5 parole del ***Puzzle 25***

Parole	Antonimo 1	Antonimo 2

Sfida n°3

Grande! Questa sfida  non è niente per te!

Pronto per la sfida finale? Scegli 10 parole che hai scoperto nei diversi puzzle e scrivile qui sotto.

1.	6.
2.	7.
3.	8.
4.	9.
5.	10.

Ora scrivi un testo pensando a una persona, un animale o un luogo che ti piace.

Puoi usare l'ultima pagina di questo libro come bozza.

La tua composizione:

TACCUINO:

A PRESTO!

Tutta la Squadra

www.ingramcontent.com/pod-product-compliance
Lightning Source LLC
Chambersburg PA
CBHW082044120626
46553CB00011B/3286
* 9 7 9 8 8 9 6 7 0 5 6 1 1 *